U0907938

挣脱时间的网

从芝诺的两个悖论说起

李德武 著

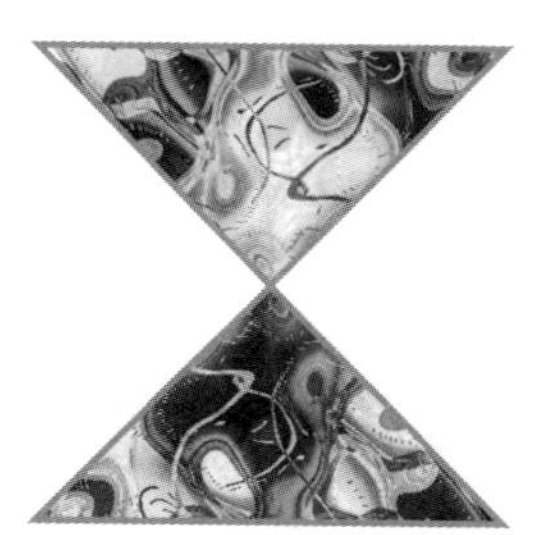

文匯出版社

序

李德武

文章归结为惹是生非。

我说了太多是与非的话，自己总该有个醒悟。吃晚饭时，我问夫人，书为什么要有序？夫人说："序是给读者开的一扇门，便于读者进入。"我说："序都是废话！"

想到佛祖拈花，迦叶微笑，心与心的感应真是妙不可言。和禅直达本心相比，文字未免累赘而多余。但若没有文字，我等之辈也读不到佛祖拈花的故事。想来，为文字所困者，也无非自找烦恼。一切皆是法，文字又何尝不是？一文一世界，一字一菩提！

两年来，我体验到另一种禅修：读书写作禅！枯燥的哲学和理论竟也让我心花怒放，自在欢喜。我不在这，也不在那，我在每个地方悄悄地出现又消失。

以往业余时间，我喜欢四处游走，寻山访水。现在，每逢周末，我就在桌上同时摊开几本书，泡一杯茶，或坐在阳台，浏览书中的山水和春天。我以忙代闲，以思代不思。于三心二意中偶得一心一意。仔细想来，一心一意也了不可得。

可叹，我无中生有，竟也下笔万言，洋洋洒洒，自以为是，自以为非。若出丑处，必是文字。若逞能处，也必是文字。文可成狱，皆为自囚，文若累身，皆是自累。

就写个序吧，权且开一扇角门，让自己退身而出。

现在，我把这些文字放下了，而你正在进入其中。我唯一的告白就是：

文章归结为惹是生非！

目录

通过小事物抗拒绝望

寻常

时钟

在眼球里，三匹马沿着瞳孔奔跑
幽深的隧道没有尽头
光到达时已经变暗，没有温度

我眼睛肿痛，隐约看到一座陷落的城市
从海中浮现，那些曾经消失的人们
纷纷回来，在钟楼的尖顶上饮酒、赋诗

他们头朝下跳舞，仿佛他们的脚悬挂在天上
他们身体的摆动搅起潮汐
激荡的水，最终又带着破碎的浪花回到原点

揭开时间的面纱

1. 时间的异化

当生命成为化石，时间异化为一种痕迹和硬度，它在挤压中保留下最后的形态。几乎浓缩在一个平面上，一小段脊椎骨的线条，它并不显现为宏大、旷古、遥远，甚至虚无，而是显现为沉寂——默不作言。

当钟声以其不变的方式重复敲击，时间异化为一种声响。它从一个受发条控制的机械结构里逃脱出来，在空中找到了属于自己的单纯和空灵。无法丈量它的长度和亮度，一瞬间，它弥散在广大的虚空之中，它像光秉持绝对的公允，抵近生或死的耳鼓。

当记忆被过度镌刻和复述，时间异化为一个秘密，一个由于过度彰显而造成的秘密。在努力留存中，时间比以往消逝得更快，以至于一个简单的故事演化为无穷的解读。我们被这些杂乱的解读带离原地，找不到出处和归处。时间成了时间的叛逆者，或弃儿。

当愿景被过度描绘，时间异化为欲望和欺骗。时间预支了它的未来。它被壮大为一种渡过当下难关的勇气，被表述为一个不存在的必然存在。时间在贪求它自己中挥霍掉自己。

在一个逐利者的眼里，时间异化为金钱；在战争中，时间异化为胜败；在无聊和绝望者心中，时间异化为痛苦和煎熬。时间的重要来自我们对时间的需要，时间从来都不是它自己。

我们不是受制于时间，而是时间正被我们割裂、肢解、摧残和挥霍，甚至抛弃。我们没有予以时间应有的认识和尊重，我们只知道向它索取，或向它泄愤。我们称它为暴君，称它为死神，都是把不该时间承担的责任推卸给时间。在同样的时空中，有人欢喜，有人悲愁，有人正在出生，而有人正在死去。时间是无情的，但事实上，时间被赋予了人的情感。

时间是无力的，时间毫无作为。死的威力和时间无关，而和死本身有关。生的威力也和时间无关，生的威力和生本身有关。一个生命意志坚强、身心健康的人，尽管到了该死的年龄，他依然可以长寿。而一个想自杀的人，尽管他青春勃发，时间也挡不住他迈向死亡的脚步。生死的界限借助时间来计量，但并不是时间决定生死。正如一把丈量距离的尺子，并不等于行走和距离本身一样。人的生命有长有短，这不是时间决定的，而是生命自身决定的。春秋更替、草木枯荣和时间无关，和雨水、温度、光照有关。春夏秋冬作为时间的标记是平等的，是无差别的，不同的是空气湿度和温度彼此不同。

作为尺子，时间可以折叠、卷曲、延展，它可以向前量（未来），也可以向后量（过去）。时间的刻度是我们规定的，它可以是格林尼治时间，也可以是非格林尼治时间；可以是北京时间，也可以是纽约时间。事实上，在我们的生活中，时间始终都保持着刻度规定的多样性。人们把不自由的责任归结为时间的有限性，因此，哲学家把对时间的摆脱当作探寻自由王国的出路，比如康德和柏格森，都试图跳出时间和运动的关系，来理解时间。康德认为，时间隶属于人内在性的一部分，即我们的生命决定了我们的时间。柏格森说得就更加明确，他说唯一的主观性就是时间。不过这两个人最终都把时间异化为别的东西。康德把时间异化为“纯粹理性”，而柏格森异化为“自由意志”，相当于他们分别给时间标定了自己的刻度。

钟表按照他的刻度周而复始地循环，它告诉我们时间。我们规定一圈为 12 小时，一小时为 60 分，但我们也可以规定一圈为 8 小时或 16 小时，如果你愿意，也可以让表逆时针走，或者调快或调慢，把一个公共的时间变成个人时间。如果这样就能让你找到属于自己的世界，你就可通过规定时间的刻度让自己轻而易举地实现自由和独立。甚至如电影剪辑一样，你也可以通过某种手段，重新编排生命的秩序和结构，把你认为重要的、必要的部分串联到一起。不必把自己绑定在所谓线性时间的枷锁上，认为生命是连续的运动过程，实际上生命遵从跳跃式、不确定变化原则。正如佛陀告诫我们的一样，刹那刹那间，如露亦如电。

2. 谁最先想到用时间丈量生命?

中国最早流传下来的计时法是干支纪法。相传早在上古轩辕时期的大挠氏发明了干支纪年法。实际是把太阳、月亮、地球长期运动规律予以标记，形成纪年、纪月法。在日月巡回中，人们摸索对生死循环不确定性的规律，也摸索掌握生产和生活的有效节点。人们看到的是周期性变化，60 年为一个周期。但这并不是古人最智慧的表现，古人智慧在于发明了一种哲学和计算方法，用来预测天地之间的变化以及和人自身存在的关系。这种智慧就是周易。周易并不把决定人命运的因素归结为时间，而是归结为阴阳。阴阳包含了构成事物变化的内外部一切因素，阴阳组合的不同决定了人的处境和变化趋势。作为趋势哲学，周易并不对事物给出必然的答案，它只是隐喻式给人以提醒，一个人悟性的高低决定了他对这种提醒的有效接受程度。作为演示变化的符号和语言，周易使用的是表示阴阳的两条线，那是对阳光的象征。在古人眼里，并不存在一个掌握神秘命运的时间，他们把一切变化的根源看作是阴阳合和与转化，他们把周而复始的虚空轮回叫作光阴。

在古希腊，最早提出时间问题的是泰利士（约公元前620—前555年）。他通过研究航海星相学第一个测定了太阳从冬至到夏至的运行规律，也正是泰利士最初规定一个月为30天。他认为生命是由水构成的，“水是万物的始基，水的多少由四时而定，因此，时间对生命具有决定作用”。

几乎和泰利士同时代，还有一个人也正对研究日月的运行规律着迷。这个人就是阿那克西曼德（约公元前610—前546年）。阿那克西曼德为了测量一天太阳的变化，第一个发明了日晷的指针，并把这个指针安装在拉栖代孟的日晷上来测量冬至、夏至和昼夜的平分点，并且造了计时器。阿那克西曼德致力于对时间进行精准测定，他把对时间的认识看作是对世界认识的基础。因为，他认为世界的始基是无限。无限是一切存在物的始基和元素，从这个始基产生出一切的天，以及其中包含的一切世界。

阿那克西曼德并不像泰利士那样把时间看作是生命的决定因

素，他认为万物由之产生的东西，万物又消灭而复归于它，这是命运规定的。阿那克西曼德所说的命运即超出时间范畴不能被测定和把握的部分，这部分因素并非来自公共的时间，而是来自事物自身的特点和差异，即自性。因为万物在时间的秩序中不遵从公正原则，所以受到惩罚，并且生和灭之间，公共和自性之间彼此互相补足。这一观点接近中国的周易学说，恰巧，阿那克西曼德也是第一个创立对立哲学的人，这和周易的阴阳吉凶等思维方式相吻合。因此，可以把阿那克西曼德看作是西方的趋势哲学家。

亚里士多德不赞同阿那克西曼德的论点，他认为“无限”没有始基，因为说“无限”有它的始基就是在说“有限”。“无限”之为始基是不生不灭的。凡是产生出来的东西都有消灭，而一切毁灭都是有限的。

但什么是有限和无限呢？是时间的不可测度吗？还是生命的永恒轮回？阿那克西曼德显然不是在时间的不可测度上谈论无限，而是从生命的存在上谈论无限。因为阿那克西曼德相信生命是处在变化中的，并且是互为补足的，而不是一开始就是无限的，所以，阿那克西曼德说的无限是变化的可能性和不确定性。而亚里士多说的无限是规律性和逻辑性。阿那克西曼德不仅看到时间的绝对性，也看到时间的相对性，但亚里士多德只看到了时间的绝对性。阿那克西曼德还有一个发现可能更有助于我们理解人的无限性，他认为人的灵魂有着空气的性质。

发扬阿那克西曼德这一灵魂观的是赫拉克利特。赫拉克利特认为：“灵魂的边界你是找不出来的，就算你走尽了每一条大路也找不出；灵魂的根源是那么深。”柏拉图在《克拉底洛》篇说，赫拉克利特认为一切皆流，无物常驻。他把万物比作一道川流，断言我们不能两次走下同一条河流。他认为万物都在运动，永恒的事物永恒运动着，短暂的事物短暂运动着。赫拉克利特不承认有绝对的东西存在，人靠灵魂自我主宰。他说的最著名的一句话就是："太阳每天都是新的。"这意味着太阳不是万物的主宰，时间也不是，太阳是被变化产生出来的，天也是产生出来的，人和太阳之间具有相同的性质，他说："太阳有人的脚那么宽。"他认为世界运动的原因在于内部对立，一切都是由冲突对立所产生的。因此变化是无休止的，时间作为变化的标记，而不是作为界限的标记，因此，时间并不令人敬畏，它只是一个躲不过的东西。他说："人怎么能躲过那永远不息的东西呢？"躲不过意味着面对和接受，时间正是在接受中映现出产生物和期待物——太阳每天都是新的。生和死也是时间映现出的产生物，就像一面镜子映现出它面前的一切影像，所以，变化的不是时间，变化的是通过时间映现出的产生物。赫拉克利特对此说："死亡就是我们醒时所看到的一切。"他进一步说道，死就是生点燃的一盏灯，生就是死点燃的一盏灯。在生死之间，灯都亮着，没有什么熄灭。他认为生和死是生命的循环，互为依存和补足，是一个事物的两面，万物并不存在上升或堕落，因此，他又说出了另一句著名的话："上升的路和下降的路是同一条路。"在我们身上，生与死、醒与梦、少与老都始终是同一东西。后者变化了，就成为前者，前者再变化，又成为后者。"我寻找过我自己，在圆周上起点和终点是闭合的。"

在时间的问题上，最令后人困惑的莫过于芝诺（公元前490—前425年）的两个悖论了。芝诺是辩证法的创立者，他思考时间并不是基于太阳和月亮的运行以及人的灵魂主宰上，而是基于生命和生命存在时空的差异上。他认为："你不能在有限的时间内越过无穷的点。在你穿过一定距离之前，你必须穿过这个距离的一半。这样做下去会陷入无止境。所以，在任何一定的空间中都有无穷个点，你不能在有限的时间中一个一个接触无穷点。"

芝诺发现时间与空间的对位关系，在变化的事物中，遵循着时间与空间的对应原则。这种对应是有限的，它受制于时间。芝诺的理论强化了时间对生命的决定作用，并指出这种决定是个体的、有限的、相对的。他的著名悖论就是阿基里斯（古希腊长跑名将）永远追不上乌龟。这个论断强调的是个体的不可比拟性以及时空的个体化对应性。他认为阿基里斯必须到达乌龟出发的地方。这时候乌龟会向前走了一段路。他总是愈追愈近，但是始终追不上它。

芝诺的论断不能从一个公共的时空体系中去理解，而必须从个体生命对应的时空关系中去理解。阿基里斯和乌龟在各自的时空对应体系下运动，这两个时空并不一致。因此，阿基里斯若追上乌龟就需要进入到乌龟的时空体系里，而这时，乌龟已经在它的体系里行走了一段距离，阿基里斯需要回到乌龟的起点，由于时间不可逆，所以，阿基里斯其实不可能回到与乌龟时间同步的起点。又因为时间与空间的对应性（后来的莱布尼茨将其描述为单子理论），乌龟走过的时空点，阿基里斯追赶时已发生变化。他不可能原封不动、毫无遗漏地沿着乌龟的路线和经过的时空对应点追上乌龟。

这个论断，芝诺通过另一个悖论说得更为透彻。他说：“飞行中的箭是静止的。”同样，奔跑名将阿基里斯和乌龟在行进中也都是相对静止的。他们运动在相对静止的各自系统内，他们既不会交叉，也不会相逢，他们平行在两个不相交的线上。

芝诺的悖论告诉我们，人完全没有必要把自己和与自己不相干的事物相比较，人应该活在他自己的体系内，以自己的有限（时空）接近和抵达无限（时空）。芝诺的这一思想被后来的爱因斯坦用相对论予以证实。

3. 人对时间的找寻

我们知道人在远古的时候就开始了对时间的找寻，这是人由生存决定的需要。这种找寻虽有阶段性、目标和方法上的不同，但从未停止过。可以说人对时间的找寻是对自身的找寻，正如古罗马诗人卢克莱修在《物性论》中所写的那样：

我将和你讨论天与神的最高体系，
向你揭示天下万物的起源与根基，
自然怎样用以创造、增殖、养育万物，
然后，当万物死亡，又把它们分解还原……

（《古罗马诗选》，飞白译，花城出版社，
2001年第一版）

天与神始终是人找寻时间离不开的两个方向，尽管人常常追问的是：“我是谁？我从何来？归向何处？”从远古的占卜、巫术到宗教神话，从古希腊对宗教的反对到对真理和理性的追求；从对自然科学的发现探索到哲学本体论的不断更新和丰富，时间被我们放大到过去、现在和未来，看作是一个有着先在决定性的线性轨迹，因为这个轨迹不可战胜，因此，时间也常常被看作是命运，或上帝的意旨。在依从和祈求中，人在灾难面前表现出的无助，以及面对生老病死的痛苦与无奈，让人们把对自身存在的关注投注到对外界力量的关注上。人们渴望什么就创造出一个怎样的神，比如人们渴望自己无所不能又永恒存在，于是，人们就创造了上帝。在了解上帝创造世界之前，我们首先应该知道《圣经》是一部人类的作品。人们需要一个恒久的充满阳光的居所，于是人们创造了天堂；人们需要一个没有烦恼痛苦的居所，于是人们创造了佛教；人们渴望长生不老，过着仙人的日子，于是人们创造了道教。

道家思想最早发现人和天平等的关系，提出“天人合一”说，但这不等于说人可以和天平起平坐，人可以决定必须由天决定的事情。道家看到的是在存在上，人性和天性具有相似特点，仅就道而言，人与天是一致的。考察到具体事情，人不仅受制于时间，也受制于地理环境，所谓天时、地利，因此，道家强调人法地，地法天，天法道，道法自然。人如果到不了“道法自然”的境界，就不能与天合一。道法自然即自然而然，人有太多的欲求和主观想法，人的困惑和痛苦不是天造成的，或时间造成的，人的困惑和痛苦是因为人不能像天一样按照道行事，做到自然而然造成的。

但人在地上面临的最大困惑不是如何和天共处，而是人和人如何共处。战争的杀伐、君王的残暴、人与人之间的矛盾冲突让生活苦不堪言。由人的生死延展到族群与国家的兴衰，共同利益给人的存在提出了新的挑战。时间也从个体生命的存亡扩展到一个国家或民族的存亡。成败的经验诱导人们把目光投向过去的记忆。此刻，时间不能表现为过去，时间作为经验表现为过去，用以记录经验的也不是时间，而是语言。因此，历史不是一个时间概念，而是一个事件存在概念或语言概念。时间只存在于当下，过去时和未来时都不是时间本身，而是事件变化的绵延。笛卡尔最先创造了绵延这个概念，他不想用时间来表述，因为他不希望把一切存在都归属于时间的主宰，于是他大胆提出了自己的怀疑，声言："我怀疑，我思考，故我存在。"

笛卡尔把事物的无限延展过程叫作绵延。他说道："绵延是一种属性，我们把这种属性理解为被创造事物保留在它们自身现实性的存在。"并把这种存在和整个存在之间上的差异归结为人思想上的不同。这种绵延也是考察事物整体性不可或缺的，因为抽出事物的绵延，整体性也就不存在。"为了确定这事物的绵延，我们拿它同具有稳固的和确定的运动的那些事物的绵延作比较。这种比较就叫时间。"

"因此时间并不是事物的状态，而只是思想的样式，或者像我们所说过的，是一种思想的存在物。时间是一种用来说明绵延的思想样式。"（《笛卡尔哲学原理》，斯宾诺莎著，王荫庭、洪汉鼎译，第 145 页，商务印书馆，1997 年版）

后来的康德和柏格森都进一步延续了笛卡尔的理论。笛卡尔和斯宾诺莎的贡献是发现万物是由运动主宰的，而不是时间主宰的。谁最先发动了运动机制？笛卡尔认为是神，即上帝发动了运动。这个认识一度被哥白尼和牛顿所否定，哥白尼看到运动来自于恒星围绕太阳转动；牛顿发现了运动的三大定律，揭示事物运动之间的内在关系。似乎此时对天（科学规律）的认识超出了对神的认识。这种由科学主导的宇宙认知一直引领人们对时间的认知。随着爱因斯坦的相对论和量子力学的发现，哲学通过本体论对时间的思考要大大落后于科学家们的考察和实验。特别是斯蒂芬·霍金提出宇宙爆炸理论，人们对天（科学规律）的认知几乎占据了人们对时间认知的主导地位。霍金的《时间简史》几乎成了关于时间的科普读本。但至此我们真的了解时间是什么了吗？霍金提出的黑洞理论真的就解决了人们对存在的一切需要了吗？事实上，今天我们仍生活在太多的不确定之中，我们拥有了思考宇宙的大脑，却无法解决一个人的贫穷和痛苦，无法解决无止息的战争与冲突。天灾人祸并没有因为我们对宇宙思考的透彻而减少，人仍是一个未解之谜。1981 年，当霍金会见教皇时，教皇对他说：大爆炸之后的事情是可以研究的，而大爆炸本身是不能研究的，那是上帝的事务。

毫无疑问，无论是宗教还是哲学、科学，人们对时间的找寻都是对人自身的找寻。这意味着某种对应，即宇宙的无限对应着人的无限，宇宙的运动生灭对应着人的运动生灭。我们简单地把人类对宇宙和时间探索作一个表格式的归纳，从中也许可以看出某些属于人自身的绵延关系，即思维和存在的绵延。

思考模型	思想者及代表作	思维目标物	思维的时段
宇宙是个神话	古希腊神话	谁主宰命运	公元前600年以前
宇宙是一种永恒和无限的存在	古希腊哲学	自然规律、真理、万物本质	公元前600年—前50年
宇宙是上帝的创造物	天主教《圣经》	神的权威和人的痛苦与救赎	公元前1500年—前96年
宇宙是一种天文学说	哥白尼《天体运行论》	天体运行秩序和真相	公元1473年—1543年
宇宙是一种力作用下的运动和守恒	牛顿《三大运动定律》	力、质量、速度和时间的运动关系，动量守恒	公元前5世纪至今
宇宙是一些实体的单子	莱布尼茨《单子论》	宇宙实体观和实体的自足性与和谐	公元1646年—1716年
思考模型	思想者及代表作	思维目标物	思维的时段
宇宙是一种假设的星云	康德《纯粹理性批判》	脱离开自然科学，人对宇宙纯粹理性的认知	公元1724年—1804年
宇宙是运动产生的时空变化	爱因斯坦《相对论》	时间和空间是宇宙的动力量，质量或能力分布决定周围时空结构	公元1879年—1955年
宇宙是波粒运动及互补	德布罗意、海森堡、玻尔量子力学	微观世界的概率性存在和不确定性	公元1924年至今
宇宙是个膨胀体，宇宙是黑洞，宇宙无边界	霍金《时间简史》	宇宙的形成，时空从何开始，是否存在时空上的穿越？	公元1942年至今

我们一直站在人的角度看待宇宙，试图把宇宙变成一个人可

以理解接受的存在，一个可以为我掌控的存在。我们动用了人所有的智慧，观察、推理、思考、幻想、模拟、实验、分析、演算、创造等等，这既是一个人类和时间互问互寻的过程，也是一个人类和宇宙不断对话的过程。我们期待找到真理，发现规律，回到天堂，但现实是不断有新的发现宣告对以往发现的颠覆和取代。于是，我们不得不说，宇宙的无限是出于人思考和发现的层出不穷。我们真的能够给宇宙一个精准的描述吗？抑或像霍金所预言的那样，人类真的存在自己的末日吗？不管过去经历了怎样的发现，这些问题今天看来仍然是未知数。不过，人们不单是从时间中寻找躲过末日的那条方舟，人们还期待探索出进入到更为神奇世界的那条隐秘隧道。

4. 我们陷入时间编制的网里

我们对宇宙认知越深入就越不自由，宇宙决定论让时间无处不在，而所有的决定论都是对自由的排除。在分化的世界中，时间首先掌握了一统天下的权力，尽管时区存在差异，但地球时间都可以同步转化。在公共机制构建上，世界时间或地球时间机制的建立使人类的生存空间相对变小了，也变得紧张而急迫。无论在何处，我们的眼睛都离不开钟表，我们对自身行程和生命计划的质问与提醒归结为：几点了？时间成为一个同步快速行进的机器，它随时抛弃那些忽略甚至背叛它的人。它用落后、死亡和毁灭宣示它的惩罚，同样，它也把财富和生存的优先权赐予追逐并敬重它的人。

宇宙决定论无论是来自哥白尼的，还是来自牛顿、爱因斯坦的，以至来自霍金的，都试图告诉我们，时间并不是一个可以任由我们随意定义的概念，而是贯穿整个天地万物存在的规则和命令。人在宇宙时间面前只有遵从的份，而没有选择的权利；只有效法的份，而没有逃脱的可能。我们看到今天在变小的地球村里，竞争无所不在，胜者就是那个抢先走在时间前头的人。而作为社会管理、工业生产和商业贸易的有效管理手段，时间上的约定已经写入各种契约之中。所有的社会秩序无不显现为时间管理的有序性。上班、工作、学习、集会、旅行、体育竞技等，甚至红绿灯的变换，无不是按照时间模式设计的，就像运行的列车，社会的一切都按照编排好的时刻表在运行。人已经不由自主地陷入一张庞大的时间之网中。并且，越是发达的、文明的生活，时间对人的约束就越严谨精密。如同越是精密先进的机器，越是不需要复杂的指令一样，如果我们仔细辨析就会发现，发达生活的公共语言也变得简单、僵化和重复。这导致人的语言能力和个性话语的退化。不同国家和民族的人，被时间机器约定下的语言指令通约。人不再作为独立、自由的主人存在，而是作为接受指令的某个机器被动地存在。在人身上，时间作为一种觉悟和创造的本能（康德：时间是自我内感官的形式。）正日渐退化，而作为一种服从的本能正日渐增强。正如霍金所说：空间和时间是一个整体，有空间的地方就有时间，有时间的地方就有空间。宇宙在膨胀，时间就在延续。宇宙一旦停止膨胀，时间也就停止，那就是世界的末日。这造成了 21 世纪发展的加速，一方面人类的欲求随着宇宙的膨胀而膨胀，另一方面，世界末日构成了所有人的存在危机。人们跟上时代的方式就是抓住时间，人们自我实现的途径就是最大化地利用时间。时间宣判一个人的出生和死亡，时间裁定一场竞技的胜败，时间规定一个王朝的寿命。在掠夺和瓜分中，时间对人的瓜分越来越快。时间从各个地方向人发出指令：该起床了！该吃早餐了！该上班了！该赴约了！该登机了！……开始吧！结束了！继续！慢点！快点！正好！出场！退席！……在这些指令中，时间不仅仅是某个时刻的标记，它还是权力、利益、成功、毁灭等指令运行的按钮。人越是参与到组织之中，时间显示出的权力性就越突出。人的自由在组织中被剥夺，表面上看，人的利益和组织利益合二为一，人为其利益支付了行动的自由；但从深度上看，人被剥夺了属于他自己的时间。有人把最高的自由看作是思想的自由，但假如剥夺了一个人思考的时间，就算这个人再有思想也无能为力。我们的身心越被植入太多时间指令，我们的心灵就越没有空间，我们的情绪和行为就越趋向固化。

柏格森在论述时间与自由意志中说："人类的种种印象，其固定的，共同的，因而不属于任何私人的因素被储藏在简单而现成的字眼里；这些字眼压倒了，至少盖住了我们个人意识之种种嫩脆而不牢固的印象。个人意识的这种印象若要得到平等的条件以进行斗争，则它必得用明确的字眼表示自己。但是一旦这些字眼被形成了，它们就即刻反过来损害那产生它们的感觉；创造这些字眼本来是为了证明感觉没有固定性，但在被创造后，这些字眼却会把自己的固定性强制加在感觉上。"（《时间与自由意志》，柏格森著，吴士栋译，商务出版社，1997 年 4 月版）

今天，我们每个人的时间都由多方面构成，按照行为类型划分，其中包括公共或组织时间、社交时间、宗教活动时间、家务时间、个人时间等，除了个人时间人可以自由支配以外，其他时间都预设了简单的指令。这些指令以语言的形式强制而明晰地传递出不同时间内需要从事的事务，以及礼仪规则、话语形式、对应情绪和思维等等。人不断转换自身的角色，人不再是一个完整、纯粹的人，人有着多重身份和多重面孔。在这些角色中，人很难保持其思想、态度、言行的一致性，每一个时间指令都携带着与之对应的规则和目的，除了个人时间呼唤人本真的意图以外，其他时间都几乎命令式地要求人服从。这导致了人的内在分化，一部分人由于携带太多的非个人时间指令，习惯于无我的行为，通过把非个人时间异化为自我时间来替代丧失的自我；另一部分则成为自我捍卫的矛盾体，他既要服从非个人时间指令，又要捍卫属于自己的时间，这种冲突加剧了一个人心灵的痛苦和人格的分裂。柏格森把人的这种分裂描述为："两种不同的自我。一个是基本的自我，一个是基本自我在空间和社会的表现。"柏格森认为只有前者是自由的。他对此进一步描述道："大部分时间，我们生活在我们自己之外，几乎看不到我们自己的任何东西，而只看到自己的鬼影，被纯绵延投入空间之无声无息的一个阴影。所以，我们的生活不在时间内展开，而在空间中展开；我们不是为了我们自己而生活，而是为了外界而生活；我们不在思想而讲话；我们不在动作而被外界'所动作'。要自由地动作即是要恢复对自己（时间）的掌握，并回到纯粹的绵延。"（《时间与自由意志》，柏格森著，吴士栋译，商务出版社，1997 年 4 月版）

需要指出的是，人在时间的认识上与宇宙决定论的对抗始终都没有停止过。柏拉图就认为世界从属于一个最高的目的，即美。他认为人应该有一双艺术家的慧眼，从颜色、形象、声音、思绪中夺得的那幻影般的残痕，是有价值的东西。他相信，一样东西，一个人愈是精微、稀薄、消逝，其价值就越增大；愈不实在，就愈有价值。愈是理念就愈是存在。他宣称："你们视为现实的东西仍是一个谬误，我们来了，我们愈接近理念，就愈接近真理。"

笛卡尔率先摆脱二元对立，把对人自我的思考和对宇宙的思考分开，提出宇宙的运动是神决定的，而对人来说，"我怀疑、我思考，故我存在"。斯宾诺莎则在笛卡尔的理论上提出："以稍纵即逝东西的价值，蛇骨上迷人的金色闪光，反对永远不变的东西价值。"

这种分层思考时间问题的方式启示了康德，他索性在自然科学和纯粹理性之间划了一条鸿沟，把自然科学隔离在一个独立的区域内，而把纯粹的认知划入另一个区域。在分区讨论中，康德消除了所谓的古老敌意，也正是这样的消除，让他看到时间不是从任何经验得来的经验概念。时间是作为一切直观的基础的必然概念。时间是先天给予的。时间不是一个推理的概念或所谓一般的概念，而是感性直观的纯形式。因此康德总结说："时间不是某种由于其自身而存在的东西，时间也不是某种最为客观的规定附属于事物的东西，所以，如果把对于时间直观的一切主观条件除掉，时间就不存在。……时间不过是内感官形式，也就是，对于我们自己和我们内部状态的直观形式。时间不能是外部现象的规定，时间与形状和位置都不相干，时间只牵扯到在我们内部状态里的诸观念的关系。"(《十八世纪末—十九世纪初德国哲学》，

北京大学哲学系、外国哲学史教研室编译，第24页，商务印书馆，1960年版）

尼采更是以惊人之语说出：世界是伪误的，在一个根本伪误的世界里，真诚是一种反自然的倾向。这种倾向仅仅把感官当作伪误之特殊的更高的乘方的手段。简单，一目了然，不自相矛盾，持久，依然故我，没有褶皱、魔法、帷幕、形式，人就这样按照自己的形象设计一个“上帝”。为了能够真诚，整个人类都必须十分清白、幼稚、可敬，每种感官都必须有利于真诚。——谎言、阴谋、伪装必须引起惊诧。

针对自然科学对真理和规律的探究，尼采说道：“求真理的意志就是制造坚固，制造真实的持久，无视那种伪误的性质，把它解释为存在物。”所以，“真理”不是存在在那里，有待发现和解释的东西，而是有待于创造的东西。哲学的迷误是由于人们并非把逻辑和理性范畴看作功利目的整理世界的手段（因而原则上是一种有用的错误），而相信他们是真理性或实在性标准。事实上，“真理性标准”仅是这样一个原则上的错误体系的生物学上的有用性。其目的就是以一种有利的方式自欺，手段则是为此发明的公式和符号，藉之把令人眼花缭乱的杂多还原一个合目的、使用方式的图示。我们看到一种可怕的颓废工具在我们面前操作着，它保有最神圣的名义和姿态。而每个人都当唤起伟大的自我的意识，意识到自己不是个体，而是人类，让我们充满激情和意志力，让我们沉思，让我们回忆，让我们走遍大街小巷。

5. 解脱时间之路

有一天，英国首个浪漫主义诗人威廉·布莱克和妻子一丝不挂地坐在院子里的树荫下读弥尔顿的《失乐园》，这时，有人走来，他朝来人高兴地喊道："进来，这就是亚当和夏娃，你知道吧？"他活在时间之外，尽享天真的快乐。他有一首著名的诗歌叫《天真的预示》：

一颗沙里看出一个世界，
一朵野花里一座天堂，
把无限放在你的手掌上，
永恒在一刹那里收藏。

（梁宗岱 译）

尽管没有人能阻止太阳周而复始地升落，但人们并不情愿成为绑在太阳神战车上的囚徒，作为有灵性的生命，人们发挥他神奇的想象力和感知力，自由遨游于时空之中。这首诗所描绘的世界超出了时空的常识与界线，也是自然科学无法解释的，但却让我们感到亲切与美妙，仿佛一下子打开了我们被现实局限与逼迫的自由世界之门。同时，所谓的时空对应论被破除，小中有大，短暂中有永恒，美的事物哪怕仅仅是一朵花也是一座天堂。这让我们想到柏拉图，他认为世界从属于最高的目的就是美。正如尼采所批评的那样，时间的有效性都是从属于功利目的。因此，摆脱时间的缠缚和压迫只需要放下对功利的追求即可。布莱克从当下找到了回到失乐园的路径，只是他和妻子不是偷吃树上的苹果，而是一起读诗。当他们远离尘嚣和一切世俗之见，他们就是两个天真的天使。神话与现实、过去与当下在他身上合一。这并不仅仅是思想的魔力所致，还有他对语言天才的创造。这首诗固化了布莱克的情思与感受，并且，携带着他永恒的欢喜和自由，至今在世界各地流传。时间是冷酷的，瞬间即逝的特点使得时间无法被分享，但诗歌让时间凝固，并成为一种美的形式，正如荷马用史诗为我们留下了永恒的特洛伊之战。

同样作为语言，科学和真理的语言远不如诗的语言和艺术的语言具有更稳固的共时性特征。也许作为近代欧洲哲学之祖，西方媒体推出的千年伟人——笛卡尔的话更能令我们清醒地看待自古以来哲学家们的箴言和高论。他在《方法谈》中自白道："关于哲学我将无所说，但是，哲学为几百年来最好的心灵所培养，然而，无一件事不是在争论中，故结果无一件事不是可疑，我也绝不希望能在哲学中遇着更好的意见。在一个相同的题材中也不知有多少不同的意见，并且这些意见均为著名学者所支持；虽然这些意见绝不只一个是真的，但我以为凡是或然的都是伪的。"（《笛卡儿》白玄主编，第 27—29 页，中央文献出版社，2000 年 9 月版）

尼采看得更为透彻。他说："人最终在事物中找出的，无非是他自己塞入其中的东西：——找出，就叫科学；塞入，就叫艺术、宗教、爱、骄傲。哪怕两件事本是儿戏，人们也应该继续做下去，并且鼓足勇气去做—— 一种人去找出，另一种人——我们这种人！——去塞入。”（《偶像的黄昏》，周国平译，光明日报出版社，1996 年 9 月版）何谓塞入？就是对世界赋予诗意。他直言不讳地说：我们的宗教、道德和哲学是人的颓废形式，而与之相反的运动是艺术。游戏——无何可用——恰恰是充溢着力量的人的理想，是稚气，神的稚气，嬉戏的儿童。

“儿童”在哲学和艺术里代表着人不随时间变化而变化的本性和初心。老子甚至把婴儿看作是人最高的存在形态。他在《道德经》中说：“众人熙熙，如享太牢，如春登台，我独泊兮其未兆，如婴儿之未孩，乘乘兮若无所归。”儿童不仅仅是对孩子的统称，而且是关于纯真、如是、欢乐的代名词。我们每个成人都经历过童年，问题是，为什么我们越来越远离孩子的天性？这是因为我们受外部世界，即非私人时间的诱导，被动适应外部世界所致。人要主宰自己的命运，首先要有内在自足的心灵，唯此，我们才能有力量通过艺术的形式改造世界，乃至创造世界，用我们赋予事物的诗意使事物丰盈和光彩，并映现出属于我们自身的生命快乐。

在一个机械复制时代，时间作为一种硬性机制被强行嵌入我们的生命和生活之中。本雅明不无忧虑地说：“艺术的社会意义越是多地被减少，观众的批判和享受态度也就越是多地被瓦解了。”（《机器复制时代的艺术品》本雅明著，王才勇译，浙江摄影出版社，1993 年 6 月版）但诗人和艺术家从未放弃对个性化创造力的开发和表现。面对照相技术，罗丹说：“真诚的是艺术家，骗人的是照相，因为现实中时间是不停留的。”而对塞尚来说，颜色就是我们的大脑和宇宙相汇合的地方。达利则在 37 岁时给自己的墓志铭写道：在内在性方面，我是不可捉摸的。

最能体现时间艺术的就是电影。德勒兹超越哲学和艺术的界限，用哲学的思维和审美的眼光，对电影的时间——影像作了细致的分析和归纳，他要告诉我们的是电影如何在创作上将时间和运动分离，使时间成为一个可以被操作、剪辑和表现的影像语言。就好比康德或柏格森在他们自设的体系内研究时间问题，德勒兹在纯粹影像中摆弄他的“时间晶体”。

他试图打破哲学和美学的阻隔，将时间以美学的面容呈现出来，以艺术的多样性呈现出来，为了阐明他的思想和发现，他不得不制造很多新的概念，但他就好比是一块钻石，通过不同的面折射出 20 世纪思想最为耀眼的光芒。他在描述纯视听情境电影时总结道：“运动不再仅仅是不规则的，而且这种不规则现在具有了自身价值，并把时间界定为自己直接原因。‘事件挣脱了自己的锁链’：它挣脱的是世界上各种行为，以及世界运动束缚它的锁链。它不再是依附于运动的时间，而不规则运动反过来依附于时间。”（《时间—影像》德勒兹著，谢强、蔡若明、马月译，第 64 页，湖南美术出版社，实验艺术丛书，2004 年版）

德勒兹在拆解时间线性结构上，提出了多元结构构想。这些结构的呈现通过影像体系和对应的符号语言来标志。这个影像体系和符号语言对应如下：

运动——影像：时间线性符号

时间——影像：事件片断无序组合符号

回忆——影像：经验记忆符号

梦幻——影像：虚拟视听符号

世界——影像：假定环境符号

所有这些符号都在完成对时间的描述。但这里的时间不是普遍意义的时间，而是不同的人看待生命、世界的视角、方式和生存态度。这意味着时间存在着无数种方式，时间不是决定我们命运的东西，而只是我们描述生命和世界的视角。事物也并不是事物本身，事物是描述时间的符号。这些符号的组合关系构成影像世界。也就是说通过时间符号呈现的影像世界不是对现实世界的描述（客观），而是对现实影像的描述（主观），但没有哪一个时间影像不与现实有关。对此德勒兹发明了一个新概念叫晶体——影像，犹如诸多影像在现实影像面前存在一个镜像，使得诸多影像找到和现实影像的连接点。

晶体——影像的理论基础来自叶尔姆斯列夫的语符学。叶尔姆斯列夫把语言切分为序列和系统，并对系统平面之间的关系作了界定。晶体有无数个面，彼此互为映射，互为始末，所不同的是叶尔姆斯列夫重点分析的是语言结构，而德勒兹将语言换成了影像。德勒兹对晶体——影像的研究目的和使命遵循了语符学的模式——使影像脱离时间、历史和外部世界的束缚。

当然，德勒兹的这些观点也难免存在争论，难免可疑。不过，我们看到电影并没有让我们停留在对世界的幻觉之中，而是对世界的创造之中。不管我们参与其中的时间长或短，我们都通过电影在黑暗的影院里度过了欢喜的、忘我的时刻，甚至，有的电影或角色在我们的生命中留下深刻的、永久的印记。

作为诗人，我能说出的最诚实的语言是诗歌。我想用一首诗来结束这篇文章，这首诗的题目是《滴水居》，这首诗既是关于时间的，也是关于空间的，它来自我禅修的真实体验。

边界终将消失，一滴水
小到不可分，这样好，我可安居

时间与语言

1. 从驾驭时间，到驾驭语言

按照决定论的观点，时间表现为变化的时空对应，语言是对时间变化的固化。按照康德、柏格森的观点，时间是人的主观认识，时间就是人内心可说与不可说的全部。但沉默并不意味静止，或时间为零，沉默也是一种语言。无论基于哪种认识，语言都从属于时间而存在，服务于人对时间应变的需要。语言的时态、词性、句子的结构都服从于人对时间的驾驭需要。时间是人和世界存在的纽带，语言是人和世界沟通的桥梁。通过时间的联结，人成为世界的一部分；通过语言的联结，人和世界能够对话交谈。

我们最初渴望驾驭时间，即驾驭生死，但事实上无法做到。人发明了日晷、钟表用以记数时间，表现出人对时间的臣服。同时，死亡让人对时间保持恒久的敬畏，春夏秋冬让人保持对时间裁定生活规则的遵奉。不过，人们渴望凌驾于时间之上的野心始终都没有泯灭。于是，人们发明了语言和艺术。语言使瞬间发生的事件得以记录，使人内心种种情感和想法得以留存。语言在它诞生时就具备了描述和抒情的功能，记录事物变化和人情感思想是语言创造的最初原因。象形是中西语言共通的母体。从象形到表意，我们看到语言并不仅仅作为工具存在于人与世界、人与人、人与物的交流之中，实际上，语言是世界另一种存在形态。

我们除了可以考察世界的表象、世界的理性、非理性、真实与虚无等存在以外，已经开始通过考察语言来认识世界的存在面目了。维特根斯坦的语言哲学提出了世界存在于解释和描述之中，米歇尔·福柯知识考古其实就是对语言考古。中国的汉字演变代表的就是时间和朝代的演变，甚至文化和风俗的演变。历史的真实无法从时间上予以还原，历史的真实表现为语言的真实。历史在今天仍然是有价值的，不是因为它是曾经发生的，而是因为它是可读的，可交流的。这都要归功于语言。没有语言的记录，物的时间性就无法得到确定和固化，物的变化和绵延就无法辨识。

某种程度上说，绵延是靠语言呈现的，相对时间而言，语言就是事物时空的储存器和记录仪，这是语言的重要性所在，也是语言的实在性所在。语言是实在的，用语言才可以描述实在，才可以构建与时间秩序不吻合之物（虚构）。虚构不是说将一个不存在的东西虚化出来，虚构是将不在同一时空或同一时间秩序中的事物整合到同一时空中，也许它发生的概率不确定，但一定存在发生的可能。因为有了语言，古今万物、世界虚空等才可能由互不相干变成互为关联，由彼此游离分散，变成存在的共同体，才由遥远、陌生、神秘，变得亲近、熟悉。语言与时间并行，无论语言符号特征是否随之改变，语言都同步留下时间存在和消失的印迹。世界和人类之间的一切秘密，都因语言的存在才成立。

2. 时间的瞬时性和语言的共时性

按照霍金的观点，时间是累积的呈现，即没有过去时间的概念，过去时间的累积表现为当下时间，未来还未发生，因此没有未来时间。时间只有瞬时性存在。量子力学的概率说证明瞬间变化的规律是不规则的，那么，永恒如何得以存在？没有永恒，我们又如何将古人的智慧和创造发明延续到今天？这便是语言描述的功劳。我们发现永恒性并不在于事物本身一成不变，而是语言的描述可以让事物持久地存在。于是，我们发现语言拥有两个重要的时间特性，一个是瞬时性，一个是共时性。瞬时性语言应合了事物瞬间的存在，是对发生和毁灭的伴随，当事物被遗忘，瞬时性语言同样可能被遗忘。而在共时性语言中，语言具有超越时空的功能，使古今相距遥远，以及当下不同时空场景的事物共存。语言对时空局限的这一超越功能就是语言的共时性特征。今天，我们对古代艺术、教义、公理等的普遍运用，都是语言共时性的表现。一个诗人之所以可以名垂青史，是因为诗歌的语言是共时性的。

但也不是所有的语言都能成为共时性语言，那么，什么样的语言才能成为共时性的语言呢？从时间角度来看，就是不能被事物绵延所覆盖去除的语言（消逝或异化）。那么，什么又是在绵延中不能被覆盖和去除的呢？一种是运动和变化本身。如果变化是持久的，那么变化本身就是永恒的。另一种是人在变化中的个性部分，如笛卡尔所说：“我思故我在！”凡是共性的部分都是绵延可覆盖、可替代的，而个性是无法覆盖的，它属于芝诺说的“在有限的时间内，不能穿过无穷个点”。因为不能穿过，这些点得以剩余，并独立呈现。早在中国春秋《左传》中就有“立言不朽”之说。立者，为创立、独立，是提出个人的言语和思想。上个世纪西方心理学家荣格受中国的周易学说影响，开始探讨超自然感应现象，因此专门撰写了《论共时性》一文。荣格认为：“两种或两种以上事件的意味深长的巧合，其中并非包含着某种非意外的或然性的东西。”事件之间的联系依托于语言的联系，语言的联系依托于意义的共识。这种共识来自个人的主观经验和体验，是人内心世界与外部世界的活动之间，无形与有形之间，精神世界与物质世界的多重联系和映像。

我们审视人类的生产、生活、艺术等历史，凡是传承下来的都是剩余下来的，都是未被绵延覆盖掉的。这一点，在艺术上表现尤为突出，就是越个性的，越是有价值的。但个体不等于个性，独特也不等于有价值，这要取决于绵延的覆盖程度。在这过程中，人的观念和意识，包括权力意志的好恶，都对绵延的覆盖力度起到决定性影响。

自从索绪尔提出语言学，到叶尔姆斯列夫提出语符学，以及维特根斯坦提出语言哲学，在西方，艺术创造越来越朝向语言本身的创造。近代美学和文学的突破，突出表现在艺术本体论或语言本体论上的实践。尽管方法五花八门，但都是围绕语言本体展开的。过去，语言是神的随从，权力的手杖，是梦和幻想的跟差，但是现在，人们通过语言抵达神，抵达权力，抵达梦和幻想。福柯说得更为彻底：有语言的地方就有权力存在。艺术是一个独立王国，是一个可以自由遨游的世界，一切都因为语言的世界可以凌驾于时间之外。霍金的研究发现也许重要，但《时间简史》比他的发现更重要，因为这部书成为世界畅销书，他让时间的秘密成为人类共同的读物。

语言不独属于人类所有，万物皆有自己的语言。人类的语言也从不是封闭的，人类在向万物学习语言中不断丰富自身的语言。这种学习得以存在，是因为在时间中，万物是敞开的，是互为映照的，万物以自身的语言互相问候。当然，也难免存在敌意，比如暴风雨的语言就是充满敌意的，而阳光的语言就是温暖的问候。语言的丰富与否是一个民族富有还是贫穷的标志。同时，我们生存空间、眼界和胸怀的大小，也取决于我们掌握的语言空间的大与小。庄子在《秋水》中写道："井蛙不可以语于海者，拘于墟也；夏虫不可以语于冰者，笃于时也；曲士不可以语于道者，束于教也。"从艺术和美学的角度来说，世界不可穷尽，意味着语言不可穷尽；世界的可能性意味着语言的可能性。从存在的角度上说，时间使万物瞬息万变，包括我们的欲求。人的世俗化就是人基本需要的固化。人们要获得更高的满足，比如审美的满足，就必须向艺术语言获得。从人的自由需求来说，换一种语言方式，比如把一种体制化的语言换成诗歌或音乐，人就可以获得自我解放的力量。而艺术创作意味着你的语言和时间呈现剩余单子的覆盖效应。在滚滚红尘中，创作让你的语言不能被遮蔽和覆盖，就像海滩上的珠贝，海潮退去，你被拾起。这应该是一个人个性化语言独立完成的事。但假如你不在大海里（时间），你就不会被海浪推向沙滩。

这并不是一种处世学的问题，而是一种艺术创作语言的自我成长问题，毕竟珠贝的意义不在于一口鲜肉，而在于那恒久闪光的珍珠。

3. 从诗中透视时间和语言的关系

生年不满百，常怀千岁忧。
昼短苦夜长，何不秉烛游。
为乐当及时，何能待来兹？
愚者爱惜费，但为后人嗤。
仙人王子乔，难可与等期。

（《古诗十九首·生年不满百》）

古诗十九首出于何年何人都是疑问。最早见于萧统编的《文选》，作品创作年代准确时间不详。一说为西汉作品（刘勰），一说为东汉作品（梁启超）。无论出于西汉，还是东汉，距今都已经有 2000 多年了。这是一首流传两千多年的诗，两千年来，这首诗的文字、声音、韵律、蕴意、情感，以及携带的当时社会的其他信息都没有变。两千年来，人们不断诵读它，每次诵读它，它都是当下的、有效的、美的。仿佛，它不是作于古代，而是作于当下。这首诗不仅固化了时间，也超越了时间。不仅是久远的，也是鲜活的。通过这首诗，我们抵达汉代：通古；通过这首诗，我们看到了千古如一的人心和精神：通灵。而使这首诗得以传世的生命是语言。

同时，这是一首写时间的诗，每一句无不和时间有关。时间的诗性唤起诗人的感慨，并通过语言得以表达。让我们看到人的存在可以表现为时间和语言的存在。萧统在编选《文选》时标准非常苛刻，他首先把经史诸子分开，归于立意纪事一类，这一类突出了思想的独特性和事件影响的重大性；而对辞章，他要求要“事出于沉思，义归乎翰藻”。所以，《古诗十九首》是当时诗歌语言形式的最高级之作。钟嵘誉为：“文温而丽，义非而远，惊心动魄，可谓一字千金。”刘勰则直言不讳地将《古诗十九首》称为“五言之冠冕”。在这首诗中，辞藻、用典等艺术手段都表现为时间引发的联想。比如“昼短苦夜长”（对比）、“秉烛游”（比喻）、“仙人王子乔”（用典）。这说明，在诗人内心，语言和时间在同一主题呼唤下，从不同的时空聚合在诗的时空下。用荣格的话说，这种聚合不是“巧合”，而是“和谐”。说明诗人不是胡思乱想的，而是有着自己内在的情感倾向和诗歌标准。语言和时间是诗人生命的不同体现，当生命体验苦乐时，时间是长和短的关系，语言是夜和昼的关系，诗人情思的波动，体现为诗句与诗句的关系。生命的多重选择和不确定性体现为诗歌内在时间的指向维度关系。比如：第一句视角维度是纵览一生的；“千岁忧”因体现的是“忧”之重，因此维度是重心方向向下的；“为乐当及时”表现的时间是点与点的关系，是内心体验与外部世界瞬间契合，因此时间维度是向内的；“但为后人嗤”关照的是未来，因此时间维度是朝向未来的；而“仙人王子乔”代表了自由自在生活的理想目标，因此，时间维度朝向高处等等。可见，语言对时间维度的呈现是多么丰富。

时空的对应性，决定了语言和事件、人的对应性。真实这个概念要重新定义，只要与时间对应存在的，都是发生着的，凡是发生着的都是真实的。

真实不仅表现为可观感体验，也表现为可想象和不可想象。语言是想象的存在物，想象本身就是体验。时间就是人的主观想象。

时间通过运动——变化结构呈现事物的存在，我们能够感觉到变化的，就感觉到了时间和运动；凡是感觉不到变化的，就感觉到时间和静止。对于时间，我们要敌对的不是它的消逝，而是所谓的线性时间机制。凡是按照线性时间机制预制的话语都是权力指令。在语言中，与其对应的这一陈腐机制就是语法。也可以说语法是线性时间机制的翻版。诗的语言是共时性语言，就在于摆脱了语法的限制。但在小说和散文中，只要触碰陈述性语言，就无法逃脱现行时间的牵制，无论正叙、倒叙、插叙、乱叙、伪叙，这说明语言的结构关系表现为对应的时间关系。这其中写作的自由来自我们是用词写作，还是用句子写作。我们看一首典型的作品，这是元代诗人、戏剧家马致远的《天净沙·秋思》：

枯藤老树昏鸦，
小桥流水人家，
古道西风瘦马。

夕阳西下，

断肠人在天涯。

整首诗几乎用名词写成。这类似于德勒兹对电影语言定义的“时间—影像”。当德勒兹说静物也在说话时，马致远早就在他的诗里做到了：名词也在说话、运动。按照德勒兹的观点，自行车、花瓶、苹果等静物是时间的纯粹的和直接的影像。每个影像都是时间，都是在时间所变之物的这样或那样的条件下的时间。在电影里，静物以影像存在；在诗里，静物以名词存在。名词并不单纯表现为一种时间的事件视野，还表现为空间的自由视野。对此，我们有必要重新审视名词的意义。

老子在《道德经》开篇说：“道可道，非常道；名可名，非常名。无名，天地之始，有名，万物之母。”我们如何不把名词看作静物或概念，而是看作是“万物之母”，是我们运用名词写作需要突破的重点目标。德勒兹把创作概括为创造概念，但诗歌如何通过运用名词写作构建全新的语境呢？

名词写作的意义就在于它可以独立存在，它是说与被说的整体，它涵盖时间和空间，又能将模糊的存在具体为某个场景。在汉语里，名词可以是始，也可以是末；可以是喧嚣，也可以是寂然无声。

在诗里，我们并不能真正看到景与物、人与事，我们看到的不过是一些名词，它们行走或伫立，悲伤或欢喜。一个诗人号称自己可以统领世界，其实，他能统领的无非是名词罢了。在现实生活中，我们赞颂或诋毁，渴望改变什么，我们希望自己不受约束，自由自在，当我们坐在灯下写作，突然发现，世界离自己很远，围绕自己打转的，羁绊或纵容自己行为的不过是一些名词而已。

我告诉自己：我什么都不能改变，我只能改变一个名词。电影用影像创作艺术真实，诗人用名词创造诗意的真实。名词创造的世界不是一个固有的世界，而是全新的世界，仿佛它从未被阐述、解释，甚至未被触碰，它完好如初。它呼唤我们从时间指定的位置，回到自我应有的位置。在地上或空中。

现实可能存在历史的真实、当下的真实和未来的真实，这些依靠时间（事件）存在的真实在名词的世界里都不受时间的控制。我们只尊重名词的真实，即美的真实。我们要做的并不是将有史以来人类的各种欲望和思想都投注到名词上去，我们要做的仅仅是把负累重重的名词从各种界定的意义、概念和复杂的关系中解放出来，让名词成为它自己。不！它自己并不是符号性的存在，而是存在本身。

名词借助诗复活它自己。纯粹名词性的，就像纯粹影像和音乐一样。我们不是在某个语言环境下（机制下）面对名词，我们是在一个完全独立的，与语言学不相关的词场面对名词。我们不是基于语境来判定名词的意义，而是脱离固有的表述体制，在全新的词场里接受它的呈现。就描述而言，它不描述线性时间和事件，它只描述偶然性、片段、碎片。就真实性而言，它不与现实形成时间上的对应关系，它自成一体，它对应自己的时间。

名词写作将克服我们在动词和形容词使用中的习惯性，克服我们对语言和语法的依赖感，克服对某些意义的盲从。我们习惯的叙述、抒情都已经陷入套路模式，日趋僵化，引不起我们多少新鲜感。但在名词面前，我们须错愕、惊讶和不知所言。我们不需要把一首诗写得完美、饱满，符合人们的审美经验，这种写作已经过时了，我们正在关注重新让我们与世界陌生、疏远、独立的关系，关注空白的价值，关注脱节、漏洞的价值，关注静止和滞后的价值。名词写作不是一种认知功能，而是一种再造功能。

论真相

真相是一个词组，是两个事物的组合，一个是真，一个是相。他们分属物质的不同状态，真代表了时间，相代表了空间，真相这个词指的就是一种存在于时间和空间中的事物状态。真相不等于客观，客观事物是不以人的意志为转移的，真相则很可能是一个人为的产物。同时，客观事物遵从自身变化的规律性，而真相的变化很可能是没有规律可循的，比如人为破坏、毁损、扭曲、篡改、虚构等。真相也不等于事物的物化，比如化石中记录的生命或年代，真相存在于时空唯一的对应之中，如果我们不能回到某个已经过去的时间点，我们就无法获取那一刻的真相，那么，我们无论依据什么样的技术推测出来的历史“真相”都不过是臆想的产物。这样说意味着真相只存于当下，这是我们能够确定感知到的事物的真实状态。因为事物的状态几乎无时无刻不随着时间和空间的改变在变化，那么也就意味着，事物其实并没有绝对的真相。我们对事物的认知如果以真相为目的，是永远无法获得答案的，那会让我们陷入无尽的迷茫之中。但是，真相的变化或许有规律可循，我们不能把握真相，可以接近或发现事物变化的规律性。这种规律性和真相之间并非互为佐证的关系，恰好相反，它们是个悖论，也就是说从真相的角度来看，规律试图将时间和空间静止在某一个点上，或者看作是等量变化的，这是可笑的。

时间和空间是纵横变量的集合，一方面无法静态考量，另一方面变量的因素千差万别，无法等量齐观。所以，说真相等于说当下当下，变化变化。但若从规律角度来看，天地有道可循，规律是对个体的泯灭，等于说真相是无意义的，因为所有真相都逃不出规律的掌心。

还有一个和真组合的词，叫真理。真理的真和真相的真恰好相反，它是假想的空间，而理就是规律，有时指一切形而上学，它是假想的时间。我们假想某一事物在某个假想时空中保持某种变化，这就是真理。因此，真理是我们对事物可能有的变化规律的一种假设。我们发现的规律，比如引力规律，可能在某个时空中是吻合的，但不等于说它是永恒不变的。很显然，真相和真理是两个意义完全不同的词。真相和真理对事物本身来说是没有意义的，因为他参与其中，他在流变之中无暇顾及这些，甚至，它不具备思考的能力和精力。真相和真理是人自我安抚的一种方式，它解决的是人的幻灭感和恐惧感。了解或认识真相会让人在选择生活时有标准和方向，比如疾病，疾病的真相不在于病源是什么，而在于身体的痛苦和生命面临的危险，人在疾病面前会更加懂得健康的意义和生命的意义。人因为有思想所以有恐惧和忧虑，人因为有欲望，所以无法安住当下。人对未来的期待和幻想都是欲望膨胀的结果。思想带来幻灭感，它关乎空间的存在；而欲望带来痛苦，它关乎时间的存在。同样，我们为了填补幻灭感，所以才不停地思考思考。思考作为心的活动是背离真相的，他不是把注意力用在觉知事物当下存在状态上，而是用在对不相关事情的臆想之中，尽管这种努力最终是希望挣脱时间和空间的束缚（抵达自由），但事实上，心被它所想之物束缚得更紧。从人的存在来看，思想的人和不思想的人幸福感没有什么差别，相反，思考的人可能不如不思考的人活得自在。问题是，我们并不总是用“自在”来衡量生命存在的价值。有时，我们需要思想家，那是因为人们都不思考了，就会使得对事物的认识堕入平庸。这时，人的欲望就将占据上风，主导行为，给自己或他人制造更大的痛苦。

此刻，我就做着思考的事，希望通过思考和文字留住时间（此时）和空间（此地我的心思）。文字作为记忆对当下的留存是有限的，文字本身并无虚妄，但写作者在其中寄托并助长了自己的虚妄。这种记载由于误读而使得虚假的存在不再可疑，真相此刻永远无法抵达，每一文本都是读者用来满足自己虚妄的一种替身（虚构的时空关系关联起与之无关的人），他们自我安抚。事实上，痛苦和恐惧并没有减少，人的幻灭感并没有减少，只是文字构筑的伪“真相”一时转移了读者的注意力罢了。

论幻象

所有的神话起源都是一种幻象。幻象不是思维方式，而是一种叙述方式。在哲学沦落到对规律叙述之前，人类是通过幻象叙述世界的存在的。这意味着叙述遵从的事实不是外在客观存在，而是叙述者内心的感觉，或人的精神系统事实。我们可以把幻象视为元叙事，因为不确定性和不重复性，它始终是非法的。我们把哲学、史学、逻辑学等所谓以外在客观事实为依据的真理性叙述看作是合法性叙述，这样便好理解幻象作为叙述存在的独特性和必要性。

历史地看，幻象始终贯穿艺术、宗教、心理学等领域。它日益成为一种对以谋求权力和掌控力为目的的合法性叙述的对抗力量。在我们的语言组合中，我们已经越来越习惯于使用那些指示性、规定性、有认同感的词素，并像一个决策者那样采取输入和编排模式，优化叙述系统和效率。我们没有缘由地自信这样的叙述更真实，更有意义，我们因为驾驭上的顺手和便利，而不由自主地成为叙述合法性的顺民。

后现代美学意识到了这个问题的严重性。德勒兹开始朝着幻象叙述努力。《时间—影像》是这方面的代表作。在哲学家中，只有德勒兹把艺术作品作为叙事起源来看待，这一视角本身就是幻象的。反观后现代景观，哈贝马斯试图通过技术的标准化来实现叙述的合法化。但这一意图除了对欧洲共同体建设，以及全球化战略具有政治和经济上意义以外，对于艺术和文化而言，违背语言游戏的异质性需要。而每位艺术家或诗人面对铺天盖地的技术和信息，本能的反应便是不能让一切都变成政治和经济的工具。幻象训练并维护了我们对差异性的感觉本能，增强了我们对不可通约的承受力，也为拒绝来自学者或专家的所谓“共同体”式的同构提供了力量和出路。幻象，很简单，我们并不渴望成为叙述的受用者，我们是叙述的发明者。

这样来看，幻象不是我们要克服的东西，而是正要找寻的东西。我们常常以不理智为乐，更多时候我们希望自己是一个幻象者。幻象和梦想在我们身上与客观体验一样多。为什么幻象令一些人不可忍受呢？因为它超出了一般人的经验和认知范围。但事实上，每个人都具有第六感官，或第三只眼，它表现为对不可呈现的叙述。但批评界，特别是所谓的现实主义和实用主义批评家们，仍然无法接受幻象，把幻象视为一种病态的疯子之言。这是令人悲哀的现象。但幻象潜藏在每个人身上，艺术家如果离开了幻象，我很难想象他如何创作。从艺术创作的角度看，幻象将我们带离当下这个乏味的世界，并从无意义中发现日常生活的不可忍受性。

幻象是一种完全的沉湎状态，它冲破时空自己重构存在关系。德勒兹从客观和主观的角度分析了这一现象。他说：“从视听影像的角度上看，只具有暂时和相对的价值。最主观的东西也是最客观的，因为他用视觉描述力创造了真实。如里维特的同谋主义。相反，最客观的东西，如戈达尔的批判客观主义，也是最主观的，因为他用视觉描述替代真实品，并使之进入人或物的‘内部’”（《时间—影像》，吉尔·德勒兹著，谢强、蔡若明、马月译，湖南美术出版社，2004版）

不管这个内部是人的内部，还是物的内部，都最终朝向描述的内部，即朝着一个真实与想象不可区分的点发展。柏格森从另一方面表述了差不多同样的认识。他在《时间与自由意志》中说："希望所以是一种强烈的愉快，乃是由于这个事实：依照我们喜好而被设想出来的未来，同时通过许多方式呈现在我们眼前，这些方式都同样吸引我们，都同样有实现的可能。即使我们所爱好的一种方式成为事实，我们也无法得到其他各种方式，从而遭受很大的损失。心目中的未来却充满无穷的可能，因而好像比事实上的未来能使我们有更多的收获。希望比占有所以更加明媚动人，梦想比现实所以更加明媚动人，道理就在这里。"（《时间与自由意志》，柏格森著，吴士栋译，商务出版社，1997年4月版）

费里尼的观点也许更能让我们理解幻象存在的合理性。他认为："我们是由记忆构成的，我们同时体现童年期、青年期、老年期和成年期。"同时，被保存的过去获得了一切开始和重新开始的好处：过去在自己的深处或两侧支配着真实性的冲动，即生命的涌现。幻象在叙述的关系上并不遵循时间顺序，而是显示为过去、现在、未来的时间共存，显示为事件发生的无边界性：在一个相对独立的循环体中，事件变化自成一体，构成属于自己的"时区、时层和时面"。这使得现在体现出"三重现在"（圣·奥古斯汀），即未来的现在、现实的现在和过去的现在。"这三种被涉及的现在总是相互包容、违背、掩盖、替代、背叛、重构、

分道和复合。它赋予叙事新的价值。”（德勒兹）

对幻象的感知必须同样沿用幻象的方式。演员与观众进入同步的幻象之中，于是，这种幻象的方式对日常生活即构成反证，又构成批评。在反证和批评之中，对日常生活形成了超越。如果我们把一切固化的机制都视同为世俗化形式的话，那么，在这样的过程中，幻象将我们带入的是一个崭新的天地。这种方式不是颠覆式的暴力行为，而是转移视角后的全新界定。它不再沿用非A即B的逻辑，而是非A非B非C的模式。它不表现一种凝聚力或冲击力，而是表现为一种瓦解力或分解力。它没有令人震撼的一致性主题，而是松散的、涣散的、无中心性的粒子，它的作用表现为随机性的、无序的又无所不在的粒子波动。

在电影方面，费里尼和布努艾尔是幻象叙述的典范；在小说界，卡夫卡把幻象叙述推向了巅峰；在哲学界，德勒兹是开先河之人。从描述的方式来看，幻象是一种直述，即由人到人。省略了对环境、历史、关系等外在因素的关注。幻象不把呈现一个事件作为目的，幻象呈现事件的变化和不确定性。幻象也可以说是对事件变化的纯粹描述，它不仅关注变化过程，也关注变化结果。幻象中含杂现实的成分，这是幻象表现为幻象不可回避的因素。表面上看，一种幻象的描述似乎脱离了现实中的某个事件，而在描述中，那个事件已经转变成某种语言模式或方式嵌入到幻象之中。幻象描述与事件时间性描述无关，它不朝向事件发展脉络的逐步清晰，而是恰好相反，朝向事件发展脉络的不确定和模糊。

幻象艺术并不指望把读者或观众带入同情、回忆、自我觉醒、感动，以及对熟知经验的共鸣之中，而带往异域、陌生、新奇等自我放逐之地。在幻象中，人们愿意放弃自己，愿意体验完全不能控制的感觉，愿意面对不可忍受的东西和不可承受的东西。即作为幻象者进入不受限状态。

幻象让我们有能力超越现实事件本身追踪更遥远和更神秘的部分。比如对一只梨的飞行轨迹描述，可以映现出人的前世和来生。但幻象不是寓言和修辞，幻象是人内心深层世界非理性的暴露和反映。需要说明的是，在我们身上，来自心理伤害、压抑造成的幻象远比我们渴望未来更好的生活要多。美国心理学家弗兰克在他的《无意义生活之痛苦》一书介绍了一个案例，这个案例可以让我们了解幻象的一般表现状况。他写道："人在现实意义的同时实现他自身。我们实现痛苦的意义，那我们就实现了人之中最为人性的东西，我们便成熟了，长大了，超越了我们自己。正是在那种地方，即在那种就我们无法改变的某种情景来讲，我们变得无所依靠、无所希望的地方，我们却被召唤起来，要求改变我们自己。没有谁在这方面比耶胡达·培根描述得更确切了。他还是儿童时就来到了奥斯维辛集中营，获释后患有强迫观念症。他自我描述道：'我见过一个有棺材木和音乐组成的盛大殡葬，之后便好笑：仅仅为了一具尸体便如此兴师动众，这是不是疯了？每当我去听音乐会或去听戏，我便掐算这东西还要持续多长时间，便将那些召集到这里的人用毒气杀死。这又会造成多少衣服，多少金牙，多少装有头发的口袋呢？'"（《无意义生活之痛苦》，弗兰克著，朱晓权译，生活·读书·新知三联书店，1991 年版）

幻象在心理学，特别是临床治疗上已经被广泛应用。但在艺术上，我们还没有充分看到它的价值所在。我写这篇文章的目的就是为了肯定幻象艺术。即便如此，幻象艺术也必须遵从艺术的规律性，如果幻象艺术过于泛滥或模式化，就会令人厌恶，人们就会摆脱它；如果幻象艺术变得可怕，人们就会抵制并抛弃它。

因此，幻象也有它的利益模式。柏格森认为希望和痛苦都通过幻象实现他们的利益。在现实生活中，通常我们不能感知整个事物或者事物全景，我们的感知是不全面的，我们只能根据我们的经济利益、意识形态信仰和心理需求感知与我们有关的，或者引起我们兴趣的部分。因此，幻象作为一种感知方式，总会与读者或观众感知本能相契合。必须说明，幻象艺术就幻象来说是完整的、直接的，它不是事件的隐喻或象征。

古老的手艺

凄冷。有资本了。从泥里捏出灵魂
不合群的人，忠实一门手艺

总是一些悬而未决的泥
低吟。沉默。当我们捏它遭到反击

每个面目都不是真面目
真面目在泥里，靠捏是捏不出来的

权且逗趣，或混口饭吃
胡乱捏造中掺杂了对现实的厌倦

危险的事终将发生。捏造的手
被泥溶解，而神像从殿堂里坍塌

澄明源于人内心和世界的敞开

——对海德格尔《诗人哲学家》一诗的细读

《诗人哲学家》是一首诗，它是海德格尔诗意哲学的最高体现，也是他把诗和哲学融合为一最好的文本。通过这首诗，我们知道海德格尔所说的思、诗、语言在人身上是一体的，而不是分裂的。澄明即是人在思、诗、语言中与世界的敞开。这个敞开基于世界本质是澄明的，我们感受到遮蔽都源自人自身的遮蔽。人囿于自己的局限以及对个体的强化是人孤独的原因。孤独表现为人的遮蔽。人若要走出孤独需要去蔽。去蔽就是实现天、地、人、神“四位一体”的存在。只有澄明的存在才是自在的。凡是自在之物不需要理性的掌控，也不需要强力意志，而是诗意地安居于大地之上。

道路与思量，
阶梯与言说，
在独行中发现。

——《诗人哲学家》，彭富春译

“发现”一词是这段诗的关键。发现意味着：①道路与真理已在，世界本然澄明；②人是其呈现的人；③真理只对发现它的人才有价值；④人发现真理是个人行为。发现源于自己内心与世界的敞开。

世界之暗从未到达存在之光。

——《诗人哲学家》，彭富春译

世界之暗从未被真正地呈现。为什么？世界之暗不是以一种固有的形式存在，从本质上说，它深藏于事物的内部，成为不被发现的“暗物质”。因此，它并不能像真理一样被呈现，成为存在之光。世界之暗就是真理或发现所照不到的部分。从未知和可能性上看，它远比我们印证的光明要大得多。作为哲学家和诗人，还有存在的必要，只因为“世界之暗从未到达存在之光”。

我们对诸神已太晚，
对存在又太早。
存在之诗刚刚开始，
这就是人。

——《诗人哲学家》，彭富春译

在海德格尔看来，真理与诗意的最高价值在于使世界澄明。对此，诸神已抵达澄明，我们相对他们来说，所言一切都显得落后，故说“太晚”！但同时，存在作为现象的映照，尚处在混沌未开状态，而我们的思却超越了这一切，深入到现象隐蔽的领域，当我们说出发现的诗意或真理时，我们就超前事物的演化进程抵达了澄明，故说“又太早”。

存在之诗即存在的澄明和敞开，这是世界进入光明的必由之路。一个被现代技术打破了的人类生存系统，如果要重建，只能从诗意地存在出发去建立。通过诗意的呈现与映照，将分裂的天、地、人、神重新召唤到一起，构成一个“四位一体”的澄明世界。谁可以担此重任，完成这项大业？只有人！

> 走向一星——唯此足已。
>
> ——《诗人哲学家》，彭富春译

一颗星既不是神的象征，也不是人的归宿。一颗星是人对天、地、人、神之光映照的典范。人诗意地存在，以何为标准？答案即“一颗星”。一颗星何以成为典范？这里有四点要素：一是具备必要的高度，能够与天、地、人、神对话。二是具备承载黑暗和孤独的意志，在巨变之中保持独立和清醒。三是具备映照世界之光的慧眼。星本身并不一定生发光，但它能够映现世界之光而让自己明亮。四是具备自由自在行走的能力。诗意地存在应以自由地存在为前提。

故此，海德格尔说：“走向一星——唯此足已。”从他晚年的生活来看，正好印证了他自己在诗中描绘的图景。

思，就是使你凝神于专一的思想，

有一天它会像一颗星，

静静伫立在世界之空。

——《诗人哲学家》，彭富春译

这一段是对“走向一颗星”的延伸性呈现。海德格尔试图在人与星之间找到不需要借助修辞来理解的同一性，于是，他说人与星的共同之处就在于思。星的四个特点就是思的体现。思不是思想，它是一个敞开的映照和澄明的状态。它并不局限于某种逻辑式的推理，也不局限于对某个固定问题与事物的思考，思是专注的、纯净的、自在的映现状态。思并不创造某种真理和事实，思使真理和事实自然显现。

茅屋窗外的小小风车，

在聚集着的风暴中吟唱……

——《诗人哲学家》，彭富春译

这便是思的状态。

当思想的勇气产生于存在的命令之后，

命运的语言将会成熟。

——《诗人哲学家》，彭富春译

这两句诗阐述了思、存在、语言之间的关系。在这个关系中，我们发现最重要的是思。没有思就没有对存在的觉知和发现。同时，语言不是作为承载发现的工具而存在，而是澄明存在本身。语言是以澄明存在本体而显现。但不能说“到语言为止”，作为“四位一体”的存在，澄明的诗意与思、存在之间永远处在相互映照之中。首先“世界之暗从未到达存在之光”，说明“澄明的语言”从不是世界去除黑暗、抵达光明的终极结果，而仅仅是开始；另外，作为思与存在的本体，语言受制于人们理解力的遮蔽，因此语言在“唤醒”的功能上从未被穷极。“语言的澄明”就在于它可以无限地发挥其“唤醒”的职能，使人们从不思进入到思，从混沌进入到澄明，从孤独进入到天、地、人、神的共存。

一旦我们拥有眼前之物，
和心中对词语的听觉，
思想便会成功。

——《诗人哲学家》，彭富春译

“眼前之物”是什么？它不是别的，就是澄明了的存在。这个澄明的存在可以是一个物、一处环境，甚至一个语词，因其澄明性，它打开了自身与世界的阻隔。在澄明的世界里，一即一切，一切即一。思的成功表现为对澄明的抵达！

很少有人充分体验到，

> 学识的对象和思考的事情的差别。
>
> ——《诗人哲学家》，彭富春译

因为很多人按照学识的方式思考问题，为此，这些人要么为对象所困，要么为逻辑所困，他们可能会抵达对某些问题的认知，但无法抵达世界的澄明。海德格尔以此表明自己与传统哲学的不同。

> 若在思想中也有敌人，
> 而不只是对手，
> 那么思之情形将更顺利。
>
> ——《诗人哲学家》，彭富春译

思作为一种觉知，而不是认知的过程，它的发现从不会一帆风顺。相反，受制于习性、习惯、常识等多种因素影响，思的觉悟过程离不开现实中种种困惑、矛盾的考验。海德格尔这样说，其意思换成禅宗的语言表达就是："烦恼即菩提！"

> 穿过天空阴云的裂缝，
> 一束阳光突然掠过草原的朦胧之上……
> 我们从未走向思，
> 思走向我们。
>
> ——《诗人哲学家》，彭富春译

思所获得的开悟正如阳光破云而出，天地瞬间为之明亮。这是思的威仪，也是思的神力。当我们思时，我们是渺小的，而当我们在思中开悟，我们是澄明的、无限的。不是思走向我们，而是思开悟后所敞开的世界走向我们。

> 这是对话的良机。
>
> ——《诗人哲学家》，彭富春译

对话意味着平等的沟通，意味着语词的共享。对话是打通语言遮蔽的方式和路径。对话可以是文字式的，也可以不是文字式的。对话并不把共识、称赞、肯定作为目的（取媚），对话把倾听作为目的（觉知）。倾听是我们探测黑暗边界和深度的方式。既然澄明的本体是语言，同样若语言存在遮蔽，也可以说语言遮蔽的部分就是世界黑暗的部分。在这种情况下，对话是打开黑暗之屋的钥匙。

> 对话鼓励我们伴随反思。
>
> 此反思既非炫耀诡辩的观点，
>
> 也不容忍讨好附会。
>
> 思之帆坚定把持物之风。
>
> ——《诗人哲学家》，彭富春译

对话的鼓励机制来自对话对语言的“唤醒”。反思是二次去蔽。

反思是自我对隐秘死角的清除。推动这一语言风帆高扬的是思之风。思使物澄明，物也惟其在澄明中才显现其物性。

在思想的行业中，从这些同伴里，
不少人会成为工匠。
于是其中一人出乎意料地成为大师。

——《诗人哲学家》，彭富春译

“工匠”是技之良材，“大师”是超人之材。“工匠”可造物，“大师”可化境。“工匠”与“大师”并不是决定是否抵达澄明的条件，每个“工匠”都可能成为大师。谁能成为大师？达到人与物、人与境的出神入化？这取决于个人的悟性。虽然我们不确定谁会成为大师，但可以肯定在从事思想和艺术的行业里总会有人出人意料地脱颖而出。

出人意料说明大师是不可期许的，他的出现是一个自然的过程，也是一个必然的过程。自然是说抵达澄明没有捷径，必然是说澄明是可抵达的，而且必将抵达。

初夏孤独的水仙花在草原上隐约开放，
石间的玫瑰在枫树下吐艳……

——《诗人哲学家》，彭富春译

这两句诗说的就是“自然”和“必然”的存在。孤独的水仙，因开放而与草原融为一体，玫瑰因其“吐艳”而辉映石头和枫叶。澄明的世界是和美而安详的，万物各自诗意地安居于大地之上。

> 素朴者的光辉。
>
> ——《诗人哲学家》，彭富春译

澄明本不分素朴与否，澄明意味着平等，意味着光明普照。素朴者的光辉是作为光辉中的优越者，还是优先者被肯定呢？素朴，这个词在这里并不指光辉的程度和色泽，而是指“自然”和“必然”，素朴意味着抵达澄明没有花样。

> 只有形成的想象保持了幻境，
> 但形成的想象依存于诗歌。
>
> ——《诗人哲学家》，彭富春译

想象不属于思的范围，或不完全属于思的范围。思是没有刻意的自然映照，想象是有意图地追逐成像。想象中掺杂了主观和习性的东西，因此想象之物难免虚幻，甚至谵妄。想象要抵达澄明必须进入思的状态，即不带有任何意图的直观。人皆有想象的能力，却不一定拥有思的能力。诗意是把人从物性存在（遮蔽和羁绊）带入澄明的存在（宽广和自在）必不可少的航标灯。

> 如果我们想排除忧伤，

欢乐何以会传透我们周身？

在我们失望的地方，

痛苦给予其治愈之力。

——《诗人哲学家》，彭富春译

“自我排除忧伤”是自我澄明的过程。这标志着“忧伤”并不是海德格尔所提倡的诗意状态。相反，欢乐、安适才是诗意安居的状态。这和古希腊悲剧强调的“震撼”艺术恰好相反，悲剧唤醒的是人内心的不安感，而诗意安居唤醒的是人们内心的欢乐感。“欢乐何以会传透我们周身？”这并不是质疑，因为这个问题不容置疑，而是在唤起我们对欢乐的感受和觉知。这种欢乐必然是传透周身的，否则欢乐就不澄明。在此，海德格尔一步步将“四位一体”的存在凝注于人的身上。“四位”在哪里成为“一体”？就是在人的身上成为一体。因为人有喜怒哀乐，“四位一体”的人应该有能力解决“悲欢”问题。所以海德格尔接下来说：“在我们失望的地方，痛苦给予其治愈之力。”痛苦本身并不能给予人治愈之力，痛苦一定是借助“神”或“天意”时，才能成为治愈伤口的良药。凡是运用痛苦治愈伤口的人，他身上一定兼具了人和神的双重意志，甚至天地星空的启示。这时的人正是“四位一体”的人。因为相互映照，人不可能孤立地存在于世。人的孤独感都因为人心灵自闭造成的。一旦他的生命向世界敞开，他便融入到世界无限的光明之中。

风快速滑动，

在茅屋的椽头上呜咽，
天气威胁要变得凶恶不堪……

——《诗人哲学家》，彭富春译

自然并无凶恶与吉善之别，一切自然现象均是自然而然的，与道德无关。如果风暴发生，意味着它已经具备了发生的条件，没有什么力量可以阻止它的发生。但在这过程中，人承受着天气变化带来的恩惠与伤害。善恶是人自己设定的标准，是因为自身弱小和生存的本能需要划定的利害边界。这不是澄明世界需要的人的境界，澄明需要人放下自己的利益映照这个世界的一切。唯此，风暴也是澄明的，也是值得期许的，在这个世界上，我们相伴而存。但更多的时候，人不是从世界存在的角度看待一切，而是用我们的认知和欲求来标志事物的好坏，为此，人面临更大的危险。而这个危险不是天赐的，是人自己给自己制造的。

三种危险威胁着思想。

善和有益的危险，
是吟诵是人的接近。

恶和锋利的危险是思自身，
这必须反对自身，但很难做到，

坏和混乱的威胁是卖弄哲理。

——《诗人哲学家》，彭富春译

这三段关于“恶与危险”的诗句都是对人说的，也是诗人过去常犯的通病。海德格尔指出这些毛病，旨在告诫人们诗的欢娱之地是在“自然”和“必然”的境界中抵达的，而不是人对自己的抵达。人对自己的抵达是一厢情愿的抵达，是趋向更大自蔽的抵达。这是人必须警醒的危险。

夏日的蝴蝶停留花上，合闭双翅，
在草原微风中随身摇曳……

——《诗人哲学家》，彭富春译

身心的澄明和生命诗意地安居就是这个样子。他并不需要挣扎、拼搏、反抗什么，也不需要为了获得更多而不断强壮自己，正如停在花上的蝴蝶，它随草原的微风摇曳。

我们心灵的所有勇气，
是对存在第一声呼唤的回声，
存在的呼唤，
将我们之思汇入世界的游戏。

——《诗人哲学家》，彭富春译

诗意地存在是存在的理想状态，更多时候，我们被存在限制在大地上。我们因依赖于存在，不得不忍受由此带来的种种痛苦。当我们渴望超越痛苦，我们发现，那份冲破篱笆的勇气并不是来自自由的呼唤，而是来自篱笆本身。世界如果找不到一种理想的存在方式，人在其中将被迫忍受这种无助又无意义的逃离游戏：飞驰的篱笆始终跑在我们前面，它比我们逃跑的人跑得还快。

我们陷入魔咒一样的循环，即篱笆——思——逃离——思——篱笆。这无终止的循环都因为人把自己孤立为人，人成了天地的对立物，或孤儿，而没有看到天、地、人、神“四位一体”的同在。

在思之中，一切事物，
变得孤寂缓慢。

——《诗人哲学家》，彭富春译

这不是思的错，思并不令世界寒冷、令一切事物变得孤寂缓慢。相反，思为这个世界注入了共同映照的光，为事物与事物之间的沟通注入暖流。使事物变得孤寂缓慢的原因是存在本身的桎梏。存在依赖于固有的机制，相对诗意地存在，存在的固有机制好比一艘庞大而缓慢行进的轮船，我们在其上面随其茫然漂泊。我们不是丧失了可以抵达的彼岸，而是，如果不离开这艘船就无法到达彼岸。这种存在的僵化机制作为常态统治着一切事物，包括自然的、社会的和人的。我们无奈地生存于其中，忍受着它的枯燥和贫乏。我们当何为？诗人当何为？我们不可能逃避这一切，我们已经没有可逃之地。思就是直面当下的一切。

忍耐孕育着高尚。

——《诗人哲学家》，彭富春译

作为存在的对象，道德判断是无奈之举。存在应在诗意中尽享自由之光。忍耐原则上并不属于存在的范畴，而是属于存在者的范畴。因为没有可以被照亮的忍耐，也没有可以互为投射的忍耐。忍耐完全是存在者个人的行为，它是存在者在孤寂的个体生命中自行完成的约束和鼓励。因此，忍耐也不属于思的范畴，因为忍耐无法抵达澄明。忍耐是一切隐晦不明事物的集中压制和内部消化，以及对言说的人为沉默。从存在角度看，忍耐是非欢喜的，也是非自由的，而是以一种压迫性力量抵抗另一种压迫。忍耐并不能抵达高尚，忍耐只是为了使某种被排斥和挤压的存在重新找到自在。忍耐的有效性在于推迟绝望和毁灭的到来，并由此获得转机。什么东西令人具有忍耐力？不是高尚，而是延迟到来的存在之光。

海德格尔应该能看到这一点，但他为什么还要这样说？我不知缘由。如果让我写，我会改成：忍耐孕育存在之光！

谁非常性地思考，

谁将非常性地犯错。

——《诗人哲学家》，彭富春译

如果正确的存在观念来自思的映现和澄明的话，那么，凡是在“思”之外的一切思考都可能是错的。因此，犯错就是必然的，并且，有多少种与思相悖的思考方式，就有多少种犯错的方式。

在我们思中，
最年长的伙伴在我们身后，
但走出来与我们会面。

——《诗人哲学家》，彭富春译

思以平等的方式映照事物，年长的伙伴在我们身后，这不是一个时间排序，也不是一个真理谱系排序，而是澄明世界的平等呈现。在我们之前，在我们身后，澄明的伙伴都是我们亲密的伴侣。人与人的至亲至善莫过于彼此透明。我们不需要因为他们年长就格外敬重他们，也不能因为他们年少就轻视他们，而是因为澄明，彼此才没有分别。

此正为何思能承受曾在之事的来临，
并成为纪念。

——《诗人哲学家》，彭富春译

思并不能承受曾在之事的来临。思只是映现曾在之事的来临。承载“曾在之事来临”的是澄明的语言。同时，能够纪念这一澄明的也是语言。

海德格尔不应该混淆思与语言的关系，在此提出混乱的，且具有误导性的观点。理解这一谬误很容易，我们只需想在镜子上放一物，则放置物的那块镜子将被物遮蔽，而丧失映现的功能。这意味着“承载”不是镜子存在的目的，镜子映现万物，却不留存万物。但作为来临之事被发现，并纳入共存与交流，必须借助语言。因为有了语言的承载，映现之事可以获得重现，在重现中，我们能够获得纪念的满足。

> 变旧意味着：及时停留于此，
> 此处思想之链的单一思想，
> 已进入其结合点。
>
> ——《诗人哲学家》，彭富春译

思本身并不是一个具有逻辑性的连续过程，但思想依附于时间而呈现出连续性的特征。时间的变化为思映现存在之光提供了参考系，以及检测澄明世界无穷边界的一把尺子。也正是在这样的意义上，时间和存在才找到他们的结合点。而在无穷极的存在空间，澄明事物的存在来自无数思的映现。这些彼此独立的思因为时间的连续性而有了自己貌似的链条。但事实上，并不存在这样的线性链条，澄明事物与澄明事物之间是不需要外在链接的，就算它们重叠也不会有阴影，就算它们相隔千年，也没有距离。

海德格尔在此受制于他对哲学谱系学的影响，以及现象学的影响，认为现象与现象之间的链接是靠思构成节点的。其实，他错解了澄明的定义，澄明不是作为现象存在的，澄明是世界的本质。世界本来如此，只是我们不识而已。

一旦我们熟识了思的本源，
我们可能冒险将脚步从哲学退出，
迈进存在之思。

——《诗人哲学家》，彭富春译

哲学从古希腊的形而上学到理性，到现象学，再到语言哲学，越来越脱离天、地、人、神的体系，走进了方法论的死胡同。方法论的弊端在于遮蔽未知和不确定的部分，而功利性地解读存在的意义和价值，由此将存在导向悲剧、竞争和纵欲。海德格尔正是看到了哲学的终结，才试图重建天、地、人、神的体系，试图将孤绝的哲学重新带入光明之地。工业和技术是冰冷的、生硬的，而诗意是温暖的、有生命的。所以，海德格尔把哲学的最高目标确定为“诗意地安居”。此刻，退出哲学之举，也仍是对哲学的选择。因为诗人和哲学家不再分别。实际上，他确实这样做了，只是时代并没有跟随他，同步进入存在之思，而是在技术化的道路上越走越快。

> 冬夜的暴风雪撕扯着茅屋，
> 一日早晨，大地在其雪毡覆盖之下……
>
> ——《诗人哲学家》，彭富春译

这是思达到世界澄明的写照。没有恶的暴风雪或善的暴风雪，当早晨日出，大地因雪的覆盖而澄明、安静、温暖。澄明的世界不是被创造出来，而是自然映现出来。

> 思之言说一旦不可言说那不可言说者，
> 它将在其存在中沉默。
>
> ——《诗人哲学家》，彭富春译

这一句话是重复维特根斯坦的。从海德格尔的诗里读到这样原封不动的转述，还是让我有些惊讶。哲学的互本文在诗中华丽转身。

> 这无能使思面对其物。
>
> ——《诗人哲学家》，彭富春译

不可言说并不是因为言说的无能，而是因为言说的多余。沉默也是一种言说。在这个问题上，海德格尔困惑的是交谈，而不是言说。交谈力图实现共识和倾听，对语词有较大的依赖性。交谈的无能常常体现为无效性，陌生、争辩、冲突和激烈的对抗，常常让交谈陷入困境。也正是这彼此不澄明的存在才呼唤思和诗。但言说并不完全依赖语词，沉默也是言说，微笑也是言说。言说是对澄明之物的承载和呈现，当思抵达澄明的时候，言说必然也是澄明的。只不过这种言说不是要表述或阐释什么，而是返回澄明之物本身。言说是不需要理解的，交谈才需要理解。言说是用来证悟的，它不以意义的形态存在，而是以光的形态存在。正如有人问雪窦禅师：何为祖师西来意？雪窦回答：点！

言说从非所道，
所道尽在无语。

——《诗人哲学家》，彭富春译

这两句诗近乎中国的禅语，并不像海德格尔的语言。也许是翻译的问题，在我看来，这两句诗毫无新意。

思永远是突然的——
谁的惊奇能揣摩到它？

——《诗人哲学家》，彭富春译

好比禅宗的顿悟，豁然明白是思的状态。但豁然明白不会是“突然的”，“突然”这个词在展现思偶然所得方面不够准确。作为顿悟都有一个长期的、持久的、潜在的积累过程，因此，思并不是“突然的”，思后的开悟是“突然的”。海德格尔说“思永远是突然的”这是不对的，既然“永远是”就是说“思有它固定不变的模式”，但思恰恰没有一个固定的模式，这个不固定谁也无法揣摩，所有对它的揣摩都是妄想，包括我们对它下“永远是”这样的定义。不是所有的思都能抵达澄明，由思到澄明自有其过程。但那个过程之隐秘谁也无法明确将其指认。就算我们面对一个已经澄明的人，但假如我们自己不够澄明，根本看不出澄明之人与一个凡夫有什么不同。

牛铃从山谷的斜坡上传来阵阵声响，
那里牛群缓缓游荡……

——《诗人哲学家》，彭富春译

这一句让我想到宋代禅师廓庵的《十牧牛图》，思的修持状态即是如此吧！

思之诗性仍被遮盖。

——《诗人哲学家》，彭富春译

思的澄明显现为语言。由于语言自身的遮蔽性，思之诗性才处于遮盖之中。为此，真正澄明的诗是心的澄明和无言的欢喜。长久以来，为了荣誉而写作的诗歌都是存在遮蔽的，要么是我们的欲求过大遮蔽了物性，要么是过于放大物性，遮蔽了人本身。

人们始终处在自我识别之中，痛苦而不厌其烦地诉说着雷同的问题。包括诗人以人类自居，为人类代言，都是遮蔽之诗。这样的诗今天仍不在少数。为什么思之诗仍被遮蔽？这因为我们看不到天、地、人、神“四位一体”同居的重要性，做不到自我敞开和澄明。内心有遮蔽的诗人不会写出澄明之诗的。

> 那里长久以来显现自身之处，
> 有如浅薄诗意智性的空想。
>
> ——《诗人哲学家》，彭富春译

显现自身是与澄明相违背的。澄明是世界的澄明，自身与世界无别，不需要特别显现。显现自身就是将自己和世界加以区分，无论是基于利益圈定，还是基于个性价值的凸显，自身都是短暂而渺小的。故此，这类诗作只能是“浅薄的智性空想”。

> 但思之诗是存在真正的拓扑学。
>
> ——《诗人哲学家》，彭富春译

这是海德格尔的理想存在。事实上，存在不会按照思之诗呈现其变化的轨迹，它以自身的方式呈现其变化的轨迹。思之诗在于将存在导向无争，但世界一刻都没有停止争执和冲突。思之诗呈现存在的独立性和自由性，但世界万物从来都没有停止互相侵害。这里，海德格尔陷入理想主义的怪圈，甚至暴露出某些浪漫主义诗人的癖好，一厢情愿地设想人类的未来。

> 暮色撒入某片森林，
> 用金辉沐浴树干……
>
> ——《诗人哲学家》，彭富春译

这正是浪漫主义诗人的套路。

> 唱与思是诗之邻枝。
>
> ——《诗人哲学家》，彭富春译

这样的认识是肤浅的，是常识。海德格尔的“唱”也许特指像荷马一样半神半人的行吟诗人。但也不确定。

> 它们源于存在而达到真理。
>
> ——《诗人哲学家》，彭富春译

诗和真理之间是否存在必然的联系？不尽然。澄明的存在作为世界的本质，它本身可以令人安居。真理如果不能令人安居也是一个有害的东西。

> 它们的关系使我们想起，

荷尔德林关于林中树的吟唱：

“林中树兮长挺立，树干相邻兮不相识。”

——《诗人哲学家》，彭富春译

我不否定荷尔德林对海德格尔的启示，以及海德格尔对荷尔德林的偏爱，但海德格尔如果走不出荷尔德林的影响，就算不上是一个抵达澄明的哲学家或诗人。对此，我对海德格尔过分以荷尔德林为范本，探讨普遍性的澄明问题感到怀疑。“树干相邻兮不相识”并不是澄明的最高境界，树干不相识而互为映照才是最高的境界。

森林伸展，
溪流冲击，
岩石固守，
雾霭弥漫。

草原等待，
泉水涌出，
风留驻，
神之祝福在冥想。

——《诗人哲学家》，彭富春译

这是海德格尔的理想存在状态。天、地、人、神各自按照自己的方式和谐共存。但无论如何，作为存在的澄明，这种状态都有鲜明的浪漫主义痕迹。澄明之物，安然独居，光照四野；澄明之物，自我解脱困苦，自利利他，寂然自在；澄明之物不因世界变化与灾祸，而始终自足阳光，欢喜无碍。这样的澄明才是思与诗的澄明，而人的澄明是觉知世界澄明的前提。

尼采：与平庸为敌

1. 重估一切价值：颠覆者

尼采是一个固有机制的破坏者，一个叛逆、大胆创新的人，一个孤独的行者，一个狂人，一个忠诚于欲望、热情的人。他所崇尚的行为就是战斗，他最为仇视的不是恶，而是平庸。他发现人类最大的受困是人的本能和激情始终被克制和压抑，因此，他把一切压制人本能的哲学、宗教和道德都斥为颓废和懒惰。所以，他以一名斗士自居。他渴望成为拿破仑式的将军和英雄，站在“人类”的角度思考和探寻存在之路。

认识并揭示世界的规律一度是哲学的目的，到了尼采这里，如何认识人自身是哲学的目的。有人把尼采称为心理学家，但仅仅从心理学的角度理解尼采未免太狭隘了。从存在的角度看，尼采的贡献就是把人从世界被动存在地位提升到主导者地位：在真理与生命的炫彩之间，尼采选择了生命的炫彩；在认同世界的存在与挑战现有秩序之间，尼采选择了挑战；在顺从上帝意志以便让自己得到庇护与顺从自己的意志以便发现不一样的自己之间，尼采选择了顺从自己的意志。

遗憾的是，在活着的时候，他找不到一个可以依靠的同伴，而整个世界仿佛都站在平庸一边与他为敌。叔本华作为一个天才被忽略的现实，在尼采身上得到了延续。巨大的孤独将他逼疯。人们说他是一个狂人，但直到今天，我们也不得不向他的狂妄致敬，他确实提出了令我们震惊的问题和见解。

颠覆理性。尼采从苏格拉底下手，把他的辩证法看作是软弱无能的表现。他说："一个人只是在别无办法时，才选择辩证法。"他把古希腊对理性的追求看作是"颓废"的表现。尼采认为人应该尊重、释放本能，而不是压制、排斥本能。他说："整个劝善的道德，包括基督教道德都是一个误会……耀眼的白昼，绝对理性、清醒、冷静、审慎、自觉，排斥本能。反对本能的生活，本身仅是一种病例，另一种病例，——全然不是通往'德行''健康'、幸福的复归之路……必须克服本能——这是颓废的公式。"（《偶像的黄昏》，周国平译，光明日报出版社，1996 年版）

古希腊以来的哲学基本是建立在理性之上的，颠覆理性，就等于推翻此前一切哲学取得的成就。但尼采并不是取代式的颠覆，他只是指出了理性的"颓废"表现，潜意识里，尼采并不怀疑理性的存在，而是对理性压抑本能的做法愤愤不平，他要做的就是为人的"本能"平反。

颠覆形而上学。形而上学思维是古希腊以来哲学寻求真理和真正世界的唯一通道或必经之路。尼采指出了这种思维的错误所在。他说："哲学家身上存在基本上的认识错误。这个错误就是'缺乏历史感''仇视生成概念''把一件事物非历史化''制成木乃伊'……几千年来凡经哲学家处理的一切都变成了概念的木乃伊，没有一件真实的东西活着逃脱他们的手掌。"尼采批评这些形而上学哲学家一厢情愿地设想出了一个"真正"的世界，把一个假象的世界归罪于感官，在尼采看来，这是真正的谎言。针对形而上哲学家指证的感官世界是“假象”的世界，尼采针锋相对地回答道：“‘假象’的世界是唯一的世界，真正的世界只是编造出来的。”借此尼采也否定了真理，尼采认为所谓的真理不过是一种解释。

尼采批评形而上学不过抵达“概念”的虚假世界，这个批评切中了形而上学的要害，但作为反论，尼采并没有明确说明“感官”认识的世界如何是真实的世界？是基于感官判断还是基于世界的外观相貌肯定其真实？是基于发生学和历史主义的形成说判定世界的存在，还是基于人们的经验、生存需要、客观环境来映现当下世界的实在？严格来说，作为哲学家他是不严谨的。他给出的答案更符合诗人气质。

颠覆“统一性”“同一性”。统一性或同一性是传统哲学认识世界从现象到本质、从一般到普遍的方向标、指路牌。否定了“统一性”“同一性”的存在相当于否定了世界有表本之分，这将改变我们对世界发展规律的判断。尼采批评这样的哲学思想“混淆始末”，“他们把最后到来的东西（可惜！因为它根本不会到来）设置为最高概念，也就是说，最普遍、最空洞的概念，现实所蒸发的最后水汽一开始就作为开端”（《偶像的黄昏》第 22 页）。沿着这个线路，尼采进一步追索，他发现隐藏在“统一性”和“同一性”下面的更大伪误。他说：“一切最高价值都属于第一等级，一切最高概念，存在者，绝对者，善，真，完美——这一切不可能是生成的，所以必须是 causasui（自因），但是，这一切也不可能彼此不等，不可能自相矛盾……于是他们有了‘上帝’这个惊人概念……最后的、最稀薄的、最空洞的东西被设定为最初的东西，自因，最真实的存在……”（《偶像的黄昏》第 22 页）尼采在这里一箭双雕，他使用了“上帝”一词，实际上，除了经院哲学会涉及上帝这个概念以外，古希腊、古罗马的哲学家是没有上帝概念的，但尼采看到“统一性”“同一性”问题在哲学上的存在和基督教中的存在如出一辙，其最大迷误就是混淆了存在的“始末”。尼采把这种混淆称作人类“病蜘蛛的脑疾”。尽管我并不能确定“病蜘蛛的脑疾”是否与人类的脑疾有着怎样的病理学关系，但我喜欢这个词，我也似乎听出来尼采的画外音。

颠覆上帝。尼采进一步指出“统一性”“同一性”的病理根源。他说：“一般来说，人们把转化、变化、生成看作假象的证明，看作必定有某种引我们入迷途的东西存在的标记。今天，我们反过来看，恰好至于理性的偏见驱使我们设置统一、同一、持续、实体、始因、物性、存在的地步，在一定程度上把我们卷入错误，强制我们发生错误。”尼采以德谟克利特为例指出：“他发明了它的原子……语言中的‘理性’：一个多么欺诈的老妪啊！我担心我们尚未摆脱上帝，因为我们还信仰语法……”（《偶像的黄昏》第 24 页）

尼采站在人的角度看待哲学和宗教，他发现那些离人遥远的东西统治了人的精神和行为，为此，他提出要对一切价值“重估”。尼采的存在主义是关于人的存在主义。而人只有活在当下才是真实的，只有活得激情、充实，有战斗力，在竞争中成为强者才是有价值的。为此，他进一步颠覆了基督教关于“彼岸”说，颠覆了“真实的世界”“假象的世界”。他崇尚激情，认为：“从根本上摧残激情就意味着从根本上摧残生命！”他提出最惊世骇俗的命题就是取消上帝的存在，其理由是：“上帝的疆域在哪里开始，生命便在哪里结束。”针对基督教的最后审判说，他指出：“——没有什么东西可以判决、衡量、比较、责难我们的存在，因为这意味着判决、衡量、比较、责难全……然而，在全之外只是虚无！没有谁再要对存在的种类不可追溯到一个 causa prima（第一因）承担责任，对世界是一个既非作为知觉，又非作为‘精神’的统一体承担责任，这才是伟大的解放，——生成的无罪借此才重新确立起来……迄今为止，‘上帝’概念是对生存的最大异议……我们否认上帝，我们否认上帝所意味的要人承担的责任：我们借此才拯救了世界。”（《偶像的黄昏》第 42 页）

2. 危险的斗士：支配自己

看到尼采的“我们否认上帝，我们否认上帝所意味的要人承担的责任：我们藉此才拯救了世界”这句话我才理解尼采说“上帝已死”的真正用意，人必须摆脱对上帝的依赖，承担起自己应担的责任，这样我们才能拯救世界。言外之意，尼采要求人人都是上帝，为此，人人都当有强力意志。他强调人要直面竞争和斗争，指出：“凡有竞争之处都是为强力而竞争！”尼采认为，只有弱者（例如苏格拉底）才把精神夸大到无以复加的地步，而在过去漫长的历史时期，都是“弱者”统治“强者”。尼采所说的精神指：“预见、忍耐、狡猾、伪装、巨大的自我克制，以及一切模仿的东西（所谓德行的大部分都属于这最后一项）。”尼采身上的真诚、勇敢、率直在此显露无遗。正是基于对人本能的解放，尼采认为："哀叹在任何场合都无用，他源自软弱。"同时，他倡导维护人们自私的本性，他说："颓废的道德批判—— 一种'利他主义'道德，一种使自私萎缩的道德，在任何情况下都始终是一个坏的征兆。一旦没有了自私，也就没有了好东西。"

尼采选择古希腊的修昔底德和柏拉图对比分析来说明什么才是他崇尚的人的存在。他写道："希腊哲学是希腊本能的衰退，修昔底德是古希腊人本能中那种强大的、严格的、坚硬的求实精神的伟大总结和最后显现。面对现实的勇气区分了像修昔底德和柏拉图这样的天性：柏拉图在现实面前是个懦夫——所以他逃入理想；修昔底德支配自己——所以，他支配事物……"（《偶像的黄昏》第 97 页）

不考虑尼采所处的时代对他思考问题的方式产生的影响，仅就一般性而言，我欣赏尼采的观点，但未必都赞同。仅就尼采评价修昔底德和柏拉图来说，且不说一个史学家和一个哲学家之间是否存在可比性问题，就算他们处于相同的条件下，我也会疑窦丛生。何谓天性？何谓必需？理想是面对现实的懦弱表现，还是一种最犀利、最持久的改造？行为如何能脱离灵魂的驱使独立存在？灵魂与行为是敌意的关系吗？用意志征服世界和用智慧、美德征服世界孰优孰劣？强力的征服难免导致疯狂的残暴征服，比如纳粹，导致对人性的最无情践踏，这是我们需要看到的吗？我们既然尊重人的本能和天性，那就应该尊重人的差异和个性，包括尊重一个人的懦弱。懦弱或许就是他（她）的天性。我们不能通过征服的手段取消他们的生存权，世界是所有众生的世界，强者更应该给予低等的、弱小的生命以足够的尊重和认同。

将现实的世界（修昔底德）和理想的世界（柏拉图）相对抗，这是尼采思维惯性导致的判断。尼采为了使其“强力意志”成为与真理、道德、宗教同等重要的存在力量，他必须把世界视同为斗争的实在。他说：“一切事件，一切运动，一切生成，都是度量关系和力量关系的确立，都是斗争……”（《偶像的黄昏》第149页）否则，他就无法否定“美德”对人类和谐共存的重要性，无法否定宗教对人类内心恐惧的抚慰，以及对痛苦绝望的治愈作用。“斗争哲学”，我把尼采的强力意志这样定义，应该符合他的初衷。斗争的目的在于征服、占领、统治，这不是关于和美世界的法则，而是关于掠夺、侵吞、瓜分世界的法则。尼采的哲学赤裸裸地突出了世界存在的权力性。权力至上的人才会说“必须在这方面检验真理的权利”这样的话，而这句话就是出自尼采之口。真理本是用来检验行为的价值标准的，如果真理不是与规律共存，内在的，而是一种被赋予的“权利”，那么，真理也就不能称其为真理。

但尼采并不相信有一个所谓的“真正的世界”，不管这个真正的世界是“理想的世界”还是“宗教中的彼岸”，抑或一个真理主导的世界，尼采认为都必须予以废除。他说：“废除真正的世界乃是头等重要的事情。它是对我们所处的这个世界的巨大质疑和贬值：它是迄今为止我们对生命最危险的谋杀。”（《偶像的黄昏》第167页）

废除了“真正的世界”等于废除了一个可期待的未来；废除

了真理主导的世界等于废除了绝对的公正。那么，世界将依靠什么来建立它的秩序呢？仅仅依靠斗争下的丛林法则吗？这显然和日益文明的人类对和平、平等、正义的需要不相符。尼采也看到了这个问题，只是他不是把这个问题放在“普遍法则”来考量，而是放在个体生命来考量。他说：“应当用生命来衡量所有这些‘理想的冲动’的意义，以便弄懂这种对抗究竟是什么：有病、绝望、死死抓住彼岸的生命与较为健康、傻气、爱说谎、丰富、未解体的生命之间的斗争。所以，并非‘真理’与生命斗，而是一类生命与另一类斗——当他想成为更高的类！——这里必须论证：亟须有等级秩序，——生命类型的等级秩序是首要问题。”（《偶像的黄昏》第178—179页）

这意味着在个体的斗争中，尼采并不打算同情失败者或弱者，他希望通过斗争建立等级秩序，使强者和弱者之间形成尊卑高下的等级关系。特别是他强调这个虚构的“真正的世界”宣称“道德的价值是最高价值”的时候，尼采号召人们向它宣战。我们可以想见，一个失去了道德维系的社会秩序只能是一个弱肉强食、黑白颠倒、善恶不分的秩序。尼采的疯狂暴露出人本能欲望中最为可怕的东西。

3. 艺术家的可贵本能：稚气

尼采在《作为艺术的强力意志》中谈到，宗教、道德和哲学都是人的颓废形式。与之相反的运动就是艺术。尼采认为宗教、道德、哲学都表现为对自我存在权利的剥夺，对个人意志、激情和本能的削弱。与之相反，艺术恰恰鼓励释放个性和激情，崇尚与众不同的发现和创作，对全新世界的迷恋远胜于对旧世界的留恋与回忆。艺术总能带给我们全新的生活气息，艺术本身就是一种征服世界的行为方式。尼采说：“‘艺术家’这种现象最容易一目了然，从那里窥见强力、自然等等基本本能！”艺术的特点在于其游戏性，正是“游戏，无何可用——恰恰是充溢着力量的人的理想，是‘稚气’。神的稚气，嬉戏着儿童。”（《偶像的黄昏》第 191 页）

游戏之可敬，在于它是有规则的。“稚气”相对老成世故而言，它是一种人生的单纯规则。游戏之可爱，在于满足兴趣。兴趣相对于权力、利益、名声、地位来说，它是非功利的。游戏之令人向往在于相对为生存而进行的行动中，更缺少道德与宗教的干预。游戏的行为更为解放、自由，也更纯粹。归根结底，游戏之乐在于“无何可用”——人对自身存在局限的突破就是摆脱其“有用”的身份和功利欲望的蛊惑。

“儿童”在哲学和艺术的世界里，不单是对孩子的统称，而是关于纯真、欢乐的代名词。如果哲学中的真理代表纯真，那么“儿童”就是真理；如果天使代表纯真，那么“儿童”就是天使。我们每个成年人都经历过儿童时代，问题是，为什么我们越来越远离孩子的“稚气”？我们背弃了自身固有的真理，而从外部世界中拼命找寻，这是不是最大的愚蠢？

尼采崇尚孩子的“稚气”，认为艺术高于道德和宗教正是因为艺术家身上葆有了“孩子的天性”和创造力。尼采在面对艺术时，最忌恨的就是平庸。他提出的“艺术的强力意志”表达了他对艺术家创造力和意志力的充分肯定。他说:“艺术家,一个中间类型:他们至少规定了应验之物的一个譬喻,——只要他们实际上在改变和革新,他们就有创造力的……”况且,这种创造力建立在对激情的赞同和纵容,以及非理性直观和不断创新之上。尼采称赞艺术的价值为“稍纵即逝东西的价值,是蛇股上迷人的金色闪光”。尼采虽然反对理想主义,但他对世界的期许也难免藏有理想化的底色。他说:“世界犹如一件自我生育的艺术品。”既然艺术品出自艺术家之手,那么,艺术品就必然来自于创造,可尼采却期望它能够自我生育,我们不能认同这样自相矛盾的话会出自一个哲学家之口。此刻,我们接受这一说法,是出于我们把尼采看作是一个充满稚气的艺术家或诗人。

4. 艺术的最高形态:醉

尼采推崇的艺术偶像是日神阿波罗和酒神狄奥尼索斯。在尼采看来,他们身上都拥有自然的强力。自然意味着本能。尼采言外之意即艺术家应依靠本能创作。这种本能超越理性和功利目的,超越真实与物的实有,它是一种内心的支配力量。尼采说:“日神状态,酒神状态。艺术本身就像一种自然的强力一样,借这两种状态表现在人身上,支配着他。不管他是否愿意;或作为趋向幻觉之迫力,或作为趋向放纵之迫力。”(《偶像的黄昏》第191、192页)可以这样认为,尼采崇尚的艺术家应该有两个特征,即在创作上趋向幻觉,在行为上趋向放纵。尼采对应现实的状态,把前者定义为“梦”，把后者定义为“醉”。尼采进一步说明这二者表现上的差异，他说：“梦释放直觉、联想、诗意的强力，醉释放姿态、激情、歌咏、舞蹈的强力。”（《偶像的黄昏》第192页）

肯定地说，“梦”和“醉”从艺术创作来说都不是什么新玩意。柏拉图就提倡艺术的“梦幻”和“疯狂”状态。柏拉图说：“诗人又清醒又疯狂。”清醒体现为对现实的辨别，疯狂体现为对现实的超越。柏拉图说：“普通意义是诗人最大的障碍物。”诗人从何处获得超越的力量？柏拉图在《斐德若篇》中阐释说，美存在于一个无限优于人的世界，这个世界不仅属于人，也属于神。美、人的艺术提供给我们一种可领悟的参与或幻影，是一种绝对，一种神的品质。由于它超然，所以必须要来自诗人的疯狂。诗人不像哲学家那样同真有关，或不像立法者那样同公正和善有关，而只是同美有关。疯狂分为人的疯狂和神的疯狂。神的疯狂又分为灵感的疯狂、神秘的疯狂、诗的疯狂和情爱的疯狂。尼采提出日神和酒神精神崇尚与柏拉图对诗人疯狂的阐述有直接关系。柏拉图认为诗人的非理性灵感是神赋予的，在迷狂中，诗人与神建立了深厚的“友谊”，使得他们在诗的世界里融合为一。

尼采对醉的定义虽受柏拉图影响，却与柏拉图不同。尼采说：“柏拉图是一个艺术家，归根结底偏爱外观而不是实在！即偏爱真理的谎言和虚构，偏爱不现实的东西，而不是实有的东西。”尼采认为柏拉图存在认识上的错误，即把价值概念本身想象为原因，同时，把一切光荣的属性送给理想。这些反对归结为反对柏拉图所认为的“我们愈接近理念，就愈接近真理”。尼采也不认为存在人神之分，在他看来，神乃是人的高级状态。这种高级状态就表现为“醉”。同时，尼采指出：“神的理念的精神化远非意味着一种进步。”他借助歌德的创作说明，神对德性和精神的缺失已经表现为一个“较野蛮的阶段”。为了区分柏拉图主义，表明自己强调的“醉”不是真理的高级形态，也不是神赐予的灵感，而是人本能的力量，尼采将其归结为“力的过剩”带来的冲动的结果。

尼采说：“醉感——它实际上同力的过剩相应——在两性情期最为强烈：新的器官，新的技能，色彩，外形；——‘美化’是高涨的力的结果。美化是得胜的意志的表现，是加强了的协调的表现，使所有强烈欲求已达和谐的表现，是分毫不爽地垂直的重力的表现……”（《偶像的黄昏》第 192 页）尼采说的“醉感”是身体内在功能处在最佳兴奋状态后达到的创作“高潮”。尼采直观地用两性动情时的高潮来说明这一状态的实质。尼采把那“一闪即逝的高潮”喻为艺术的“美化”功能。这里包含两层意思，一是艺术创作的最佳状态来自艺术家全身心的“兴奋”，而在这种“兴奋”状态下创作的作品，是对生活和生命的“美化”。尼采为了排除神和其他非人本能因素的干扰，他干脆把这一“美化”过程看作是“高涨的力的结果”。

尼采为了更清晰地表明他的“醉感”是人们可以体验和接受的，他进一步阐述道：“那种人们称之为醉的快乐状态，不折不扣是一种高度的强力感。……时间感和空间感改变了；天涯海角一览无遗，简直像头一次得以尽收眼底；眼光伸展，投向更纷繁辽远的事物；器官变得精微，可以明察秋毫，明察瞬息；未卜先知，领悟力直达蛛丝马迹，一种‘智力的’敏感；强健，犹如肌肉中的一种支配感，犹如运动的敏捷和快乐，犹如舞蹈，犹如轻松和快板；强健，犹如强健得以证明之际的快乐，犹如绝技、冒险、无畏、置生死于度外……人生的所有这些高潮时刻相互激励；这一时刻的形象世界和想象世界化作提示满足着另一时刻：就这样，那些原本也许有理由互不相闻的种种状态终于并生互绕，相互合并。”（《偶像的黄昏》第 193 页）

尼采将艺术创作的高潮状态定义为“醉”，其中有如下几层意思：

一是醉是强力意志的产物，而不是某些麻醉物（包括宗教类的）等外力对神经和肉体的干预。

二是强力意志作用下的醉是非理性的综合反应，是多种高潮的汇聚，而不仅仅是身心以及感官功能的单一高潮反应。

三是醉的状态标志是秩序的再造，以及感知能力的提升，它让艺术家不再固有于对已知世界的描摹，而是上升到对未知世界的发现与创造之中，使未知的世界成为映现在当下的全新存在。

四是处于醉的状态下，艺术家不是被自我驱动，而是忘我的，他内心追求的动力只受目标（美）推动，为此，他不惜冒险，甚至牺牲自己。

五是醉的状态超越了宗教、道德对人价值的认定，它让人在其完全不自主的情况下抵达人性的巅峰，而这一巅峰便是人对快乐的抵达。

六是决定这一快乐的感情标志就是“性”。甚至艺术发生的好坏是由“艺术家创作的本能和精液流入血液的份额”决定的。对艺术和美的渴望是对性欲癫狂的间接渴望，他把这种快感传导给大脑。艺术的巅峰快乐就是“通过‘爱’创造完美的世界”。

尼采把艺术创作的最高级状态定义为“醉”，从对艺术的认识来看是有进步意义的。他要比柏拉图的“梦”“疯狂”去除了“神”的成分，更突出了人的本能力量；要较基督教文学对上帝旨意的遵从更体现了人在当下的存在欲求；特别是突出了“性”对艺术家创作动力的直接影响。似乎只有尼采让艺术家成为其自身，因为尼采看到了超越道德、宗教等“虚构价值”而存在的艺术家内在脾气和禀性的珍贵价值。他说：“艺术家倘若有些作为，都一定禀性强健（肉体上也如此），精力过剩，像野兽一般，充满情欲。假如没有某种过于炽烈的性欲，就无法设想会有拉斐尔……创作音乐也还是制造孩子的一种方式；贞洁不过是艺术家的经济学，无论如何，艺术家的创造力总是随着生殖力的终止而终止……艺术家不应当按照本来的面目看事物，而应当看得更丰满，更单纯，更强健，为此在他们自己的生命中就必须有一种朝气和春意，有一种常驻的醉意。”（《偶像的黄昏》第 193 页）

尼采关于“醉”的观点会受到绝大多数艺术家、诗人的赞同，但是，尼采显然也泛意志化了。这里存在几点显见的问题：一是艺术家在创作前通常对自己创作的作品并无清晰的意识，创作的动力并非来自“强力意志”或“性”，有时来自无意识，有时来自痛苦和绝望，有时来自出其不意的灵感。“性爱的高潮”从肉体反应来说是相似的，艺术创作如果以此为尺度和动力来源，那么创作出来的作品也无非是相似的，不管那个“高潮”被定义为“美化”还是“丑化”。可见，尼采将艺术创作的最高状态定义为“高涨的力的结果”是将这一过程的原因简单化了。二是艺术对艺术家来说，并不一定意味着“战利品”，相反，那是他表达自己（人类）卑微、孤独、绝望、痛苦的方式。这样的艺术家用他们的全部生命来创作，作为无望的希望，艺术不是体现为一种“得胜的意志”，而是体现为“奉献（牺牲）的意志”。三是尼采想象艺术家在创作高潮时，身心都达到“和谐”的状态，是“欲求的综合满足”。事实可能恰好相反，一个艺术家超常的创作力并非来自身心功能的健全和和谐，而是来自某些缺失、病态和匮乏。比如博尔赫斯的敏感来自他的失明，卡夫卡的神经质和多疑来自他性格的懦弱等。尼采期盼艺术家都像大卫那样拥有强健的体魄、性功能和勇武的精神气魄，实际上是做不到的。尼采反对理想主义，在这个问题上，他把自己划入理想主义一边了。

5. 生命自身的丰盈：诗意

尼采认为这个世界的意义都是人赋予和解释的结果。世界的平庸表现在于“事件无意义”。这种无意义并不是事件本身没有存在的必要，而是看到关于事件的解释都是谬误而产生的颓废。尼采把这种颓废称为“怯懦和软弱的泛化”。很多时候，我们不能把一件事坚持到底，并不一定是我们没有能力做，而是因为我们感到“无意义”而放弃做。不惧失败、持续做事的人是强力意志的表现，因其无意义而放弃做事的人是虚无主义的表现。在尼采看来，人们凡是在看不到意义的地方，就会否定意义，表现出颓废或狂妄无礼。

尼采认为世界具有无限可解释性，而宗教、道德、哲学都将世界解释为"一元性"，而"一元性"是惰性的需要。解释的多元性是力量的标志。谁能担负对世界多元性解释之重任呢？尼采认为只有诗意。尼采说："在某些状态下，我们置光彩和丰盈于事物，赋予诗意，直到它们反映出我们自身的丰富和生命快乐……"（《偶像的黄昏》第194页）

尼采认为事物本身是无光彩和丰盈之别的，事物呈现出的光彩和丰盈都是人"赋予的诗意"。这个过程使平庸的生命呈现出"高潮"的状态，这些高潮的状态包括："性冲动、醉、宴饮、春天、克敌制胜、嘲弄、绝技、残酷、宗教的狂喜等。"其中，三种因素是主要的，即性冲动、醉和残酷，"他们都属于人类古老的节庆之快乐"。尼采用"节庆之快乐"来说明诗意的快乐与庸常快乐的不同，认为人们对这一快乐的需要是艺术创作古老的渊源。我们看到尼采认同的艺术创作"三大要素"都是来自生命自身的力量，当艺术家或诗人赋予万物光彩与丰盈的诗意时，那是他们"过剩的强力意志"的外溢，也是人面对光彩和丰盈之物迎面而来时生命兴奋的作答。尼采把这样的微妙的细微过程看作是"审美状态"。而这种"审美状态"不是每个人都能拥有的。尼采说："审美状态仅仅出现在那些能使肉体的活力横溢的天性之中，第一推力永远是在肉体的活力里面。清醒的人、疲倦的人、精疲力尽的人、干巴巴的人（例如学者）绝对不能从艺术中感受到什么，因为它没有艺术的原

动力，没有内在丰富的逼迫——谁不能给予，谁也就无法感受。”（《偶像的黄昏》第 194 页）

何谓“使肉体的活力横溢”？就是兴奋和冲动，如同性的刺激激发的本能反应一样。所以，谁能面对光彩和丰盈之物表现出强烈的兴奋感，谁就将有能力进入到审美状态。审美能力不是来自审美对象如何，而是取决于人内在敏感度和反应力度。这种反应不是理性的，也不是目的清晰的，更不是“还魂式”的，而是“陶醉”式的。因此，“清醒的人、疲倦的人、精疲力尽的人、干巴巴的人（例如学者）”都是审美先天无能的人。人若具有这样的审美能力必须具备“内在的逼迫”，即“对诗意的赋予”，尼采称这一赋予为“给予”。

现在的问题是，是谁？如何“给予”呢？尼采认为，能够“给予”的人一定具有对“完满”的欲求。“完满”也许无法抵达，但人对“完满”的欲求激发了他内在的本能动力，使得这种本能超出一般性满足，而趋向于“高级”满足。这一冲动促使艺术家通过赋予诗意而让努力获得回报。尼采是这样阐述这一过程的，他说：“‘完满’：——在那状态中（特别是在性爱中）天真地透露出了至深的本能通常尊崇为最高、最令人向往、最有价值的东西，透露出了本能类型的上升运动；而本能实际上也就在力争这种境界。完满是本能的强力感的异常扩展，是丰富，是冲决一切堤防的必然泛滥。”（《偶像的黄昏》第 194 页）

尼采的审美观对于我们开阔审美视野是有启发性的，但也存在明显的偏激和错误。具有积极意义的是，尼采提出审美能力来自“内在的逼迫”。这让我们看到一个自在的、完美的艺术世界并不是先在的，也不是上帝的“赐予”，而是我们自身“欲求”的投映。我们有多强烈的欲求，就会投映出怎样的“诗意世界”。

尼采的局限和偏激在于他认为这种欲求源自“肉体本能”，而不是心灵本能。相当于说一个体弱的人是一个审美先天不足的人，这种认识是荒谬的。我们不能赞同他用“性爱的经验”来对应艺术经验，同时，艺术带来的也并不仅仅是对“完满”的满足，更多的时候，艺术是对匮乏、缺憾、不如意、忘我的抵达。特别是，“完满”是没有标准的，人的欲求永远处在自我升级之中。如果我们过度纵容这一欲求，我们将陷入人给自己设置的深渊之中。而无终止地纵容欲求会让人无视存在的界限和底线，最终走向人的反面——兽，或成为疯子。尼采自己最后疯了，这说明他的审美未能将其提升到“完满”的境界。

这个世界是不完满的，完满意味着终结和溢出，意味着衰落和溃败，这样，我们寄希望于“完满”中的“节庆欢乐”也就不可期许。又何况，“节庆”是一个发生在某个点上的狂欢，这样的欢乐是一次性给付式的，是对过去长期对欲望投注与付出的“利益兑现”。但毫无疑问，这种“兑现的利益”不管它的额度多大，多么珍贵，都不可能成为持久的财富，总会有一天，我们将把这“完满”的财富花完。这就好比一个依靠强烈性欲建立的爱情未必是持久的爱情一样。

尼采把诗意的世界看作是至高无上的存在，并设想在诗意的世界里“美的对立面被制服了”，一切都如此轻松地俯首听命，“而且带着友好不过的神态来顺从”。这未免过于理想化。至高无上不等于艺术家把自己置于对一切对立物的征服之上，我们更愿意把至高无上理解为一种选择的优先权。这样，我们就能理解艺术家在面对生活的多重选择中只有艺术是不能放弃的；在所有可置换的价值中，对艺术的追求是不可置换的，是无价的；在所有幸福满足之中，只有艺术的满足才是最高的满足；在所有可托付生命的存在中，只有艺术是最可靠的也是最终的托付；在所有生命的陪伴中，最不能舍离的陪伴就是艺术的陪伴。

艺术存在的唯一理由在于人们厌于生活的平庸。世界万物都是艺术家创作的形式，包括人生命本身。我们借此美化自己，也美化存在。尼采果断地说："我们有了艺术，依靠它们就不至于毁于真理。"有史以来，我们可以怀疑哲学，却不怀疑诗意的生活，诗意使贫乏的生命丰盈！

【参考文献】

1.《偶像的黄昏》，尼采著，周国平译，光明日报出版社，1996 年 9 月第一版；

2.《尼采全集第四卷·查拉图斯特拉如是说》，尼采著，杨恒达译，中国人民大学出版社，2011 年 10 月第一版；

3.《悲剧的诞生》，尼采著，杨恒达译，译林出版社，2007 年 12 月第一版；

4.《悲剧哲学家尼采》，陈鼓应著，生活·读书·新知三联书店，1994 年 5 月第二版；

5.《尼采与形而上学》，周国平著，湖南教育出版社，1990 年 9 月第一版；

6.《古希腊罗马哲学》，北京大学哲学系、外国哲学教研室编译，生活·读书·新知三联书店，1957 年 7 月第一版。

关于叔本华的意志和表象的世界

叔本华哲学思想的弊端是显见的。他认为意志是自在之物，实际上意志是不自在的，因为意志依托于欲望。欲望具有贪执性，所有的贪执都是羁绊，不仅是不自在的，甚至还会导致堕落。世界不会是我的表象，因为我没出生，它就已经在了。我死后，它还依旧存在。我来到世界是个偶然，而世界的存在是必然。最主要的是，世界不是我个人的，而是我们所有生灵的，所有万事万物的。就算我有权用个人的感知和好恶去界定它，我也不能对它拥有所属权。

我和世界只是在存在的趋势上表现出了相似性，这种形似就是变化。每时每刻，世界万物都在变化，出生或死去，生长或收获。万物都有它自己的生死周期。它们生生不息，没有更为神圣或神秘的理由，只因为它们适应了生存的环境。群体共存就是环境，万物共存就是环境。这是一个共存的世界，人类不是世界的主宰者，而是参与者、共享着，人类不顾及自己所处的地位，而试图主宰世界，人类将自食其果。

死亡不是终结，而是生态平衡的链条。万事万物没有终结，只是存在的形态发生了改变。灭绝的生命重新化为水和空气，那些不朽的转变成化石或文字，以另一种形态继续存在。未灭绝的依旧续写着它们的族谱，勇往直前。死亡是生命重要的组成部分，没有死亡就没有出生。我们不应该恐惧死亡，而应尊重死亡，感谢死亡让世界的生态保持平衡。死亡让世界年轻！死亡不是意志所能决定的，死亡不属于个体规则，死亡是世界万物的规则。人在遵从死亡的规则中没有特权。我们可能会短暂地延迟死亡的到来，但不能阻止它的到来，就连佛也要接受它。这个世界最公平的法则就是死亡。

叔本华对表象世界的定义从命题上就错了。他把世界分为表象的世界和意志的世界，忽略了意志作为人的内在反映，从属于肉体，而肉体依赖于时间和空间。没有肉体的健康存在意志就不存在（或因病患与衰老意志衰退，或因脑神经的死亡成为植物人）。《心经》告诉我们，没有身的自在就没有心的自在。同样，肉体若不是存在于时间和空间之中，肉体就不存在。生命（肉体和意志的统一体）是从属于时间和空间的。死亡其实就是时间和空间为生命设定的界限。所以，把人和世界分开是不可能的，把意志和时间空间分开也是不可能的。认为世界是我的表象，世界是我的意志，这是极大的谵妄。

叔本华没有给人类存在提供抵达自在的路径，虽然他把这一点当作哲学追求的目标。相反，他把人带入到自我设置的障碍和陷阱之中，助长的我执成为与世界共享存在的沟壑。悲剧未必是人类存在的必然结局，不过，叔本华为了自圆其说把悲剧当作人类的归宿。自古希腊以来，悲剧不是用来引导人绝望的，而是警示人增长智慧，唤起伟大同情心的。人类的进步是基于我们总能从悲剧中获得超越与奋进的智慧和力量。而叔本华把悲剧当成了自己孤绝世界（隐居自恋）的理由。叔本华太自我地理解了悲剧的意义和价值。古希腊的悲剧让我们震撼，而叔本华的悲剧让我们怀疑：他有没有资格使用悲剧一词？

实际上，孤寂中的他是不自由的，隐居不是自由的选择，是不自由的选择，因为他建立在排他环境和自恋念头之下。凡是带有强烈拒绝念头的行为都是对拒绝物的变相依附，正如一个还有善恶之念的禅修者还算不上开悟一样。叔本华把最高的意志定名为悟性，可见这样的悟性离禅宗的悟性境界相差甚远。从自在角度说，隐居无法抵达自在。六祖在《坛经》中说："佛法在世间，不离世间觉。离世觅菩提，恰如求兔角。"叔本华一定没有读过《坛经》，否则，他就不会如此偏执。他对佛法的借鉴"意志是一，表象是多"，恰恰错解了佛法"缘起性空，一即一切，一切即一"的本意。

其实，叔本华并不是一个悲剧性人物，从始至终他都不是活在悲剧的情形之下，尽管早期他的思想没有受到足够的重视，但晚年他享尽了哲学带给他的荣光。今天，他也仍没有死。我们还在谈论他，他若天上有知，当无上欢喜吧。

把地狱揣在兜里

把地狱揣在兜里，一份邀请函
掏钥匙时碰到它，就听到命令
——务必出席！

洗衣服前我把那张纸丢掉了
我以为身上不再有地狱
洗澡时发现它藏在我耳朵里

雷同的聚会，我和前生、来世
隐秘的召唤如同诗句
我写下它，我写下自己的地狱

你也许和我一样拥有一份契约
不，情书！一份遗嘱！
你是否也习惯把地狱揣在兜里？

爱伦·坡：被悲郁损伤的天才

一

一个伟大诗人的诞生需要具备两个条件，一个是天才的个人禀赋，一个是恰逢其时。否则生不逢时的天才可能只有一种结局，就是做后来者的垫脚石。爱伦·坡就是这样的一个诗人。他处在世界文学大变革的前夜，那个时候，浪漫主义已经达到鼎盛阶段，一种全新的文学理念和样式正在酝酿。他率先点燃了文学变革的火炬，却未能享受到先驱者应享受到的足够荣光。他对浪漫主义的背叛，他对死亡和人性丑恶的深度展示，他在技术上的精巧构思和对象征手法的准确运用，以及他对艺术审美效果的本体化追求，都可以证明他是世界现代文学的开创者之一。

或许是巧合，或许是命运使然，在美国1820—1860年间，注定是一个酝酿又埋没伟大诗人和作家的时代（这是一个被二流文人和美国世俗文学统领的时代）。不仅爱伦·坡的才华没有受到批评家和出版商的足够重视，事实上，潜心写出《草叶集》的惠特曼和后来写出《瓦尔登湖》的梭罗都没有得到及时的关注。而惠特曼和梭罗要比爱伦·坡幸运得多，因为他们都曾获得当时著名作家爱默生的肯定。这一点成为诗人或作家成功与否的潜规则：一部伟大的作品得以流芳百世需要有一个伟大的知音。

遗憾的是，在当时的美国，爱伦·坡没有遇到像爱默生这样说话有分量的重量级知音。相反，他因直言批评爱默生和朗费罗，而受到更大的冷落。爱默生认为爱伦·坡是个初级写作者。而朗费罗则把他视为一个声名狼藉的人。朗费罗在给洛威尔的信中说："如你一样，生命是如此的珍贵，不应该浪费在这些街道作坊间的吵闹。就我的朋友关于您的观点，您误解了他们。我向您保证他们非常欣赏您的能力。您的生活的高贵、性格的美好，他们不会认为您会与这些声名狼藉的事件联系在一起的。"朗费罗所说的"声名狼藉事件"就是爱伦·坡批评他抄袭引发的争论。朗费罗的态度代表了美国世俗社会对以反抗世俗为出发点的爱伦·坡的傲慢与蔑视。这种由世俗观念形成的印象遮蔽了爱伦·坡文学艺术上的独特价值，使得爱伦·坡在文学上的地位始终得不到公允的肯定。

后来证明，他的知音不在美国，而是在法国，那个人不是德高望重的批评家，而是和他拥有相同气质和艺术追求的文学青年，这个人就是波德莱尔。

在美国，爱伦·坡最早看到浪漫主义的局限和不足，并向浪漫主义提出了挑战。在法国，波德莱尔也已经洞见到浪漫主义的衰微，以一种惊世骇俗的方式开始了全新的写作，即《恶之花》的创作。这两个天才的诗人最初彼此并不熟悉，但他们的处境和经历却奇妙地相似。比如：都有一个超越的浪漫主义诗人对象。爱伦·坡面对的是浪漫主义的贵族诗人朗费罗，波德莱尔面对的是浪漫主义的贵族诗人雨果；波德莱尔选择崇高的另一面，即底层人卑微生存的现实作为诗歌表现对象，首次将被贵族精神视为

“有伤风化”的底层人厌倦、憎恶、绝望的心灵真实地纳入诗的殿堂，而爱伦·坡则揭开浪漫主义强调精神教化和引领的面纱，将诗歌写作放到纯技术层面来看待，同时，用死亡和无尽伤逝的悲情表达了他对现实的绝望。两人从不同的方向成为浪漫主义的掘墓人。他们的命运也极其相似，爱伦·坡童年丧母，而波德莱尔童年丧父。他们选择文学之路都有悖父母的意愿，执迷不悟，生活放荡不羁。他们都死于脑出血，并且英年早逝。波德莱尔终年46岁，而爱伦·坡终年只有40岁。爱伦·坡年长波德莱尔22岁，当他独自与美国的浪漫主义诗人们作战的时候，也许他不知道他真正的知音是远在法国的波德莱尔。而波德莱尔却把爱伦·坡作为偶像，倍加崇敬和热爱。最初，他从1847年1月27日《太平洋民主》上读到爱伦·坡的小说《黑猫》，一下就被征服了。从此开始翻译爱伦·坡的作品，持续17年之久。其中包括1848年7月，波德莱尔翻译了爱伦·坡的《磁性启示》，并在《思想自由》杂志上发表。1849年10月7日，爱伦·坡告别了这个让他忧郁不安的世界。1852年，波德莱尔就译介了《爱伦·坡的生涯与作品》，在《巴黎评论》上发表。1853年3月，波德莱尔翻译了爱伦·坡的代表作《乌鸦》，发表于《艺术家》杂志上。1856年，波德莱尔又翻译出版了爱伦·坡的短篇集《奇妙的故事》。在波德莱尔的推介下，爱伦·坡在欧洲文坛名声大噪。马拉美曾针对爱伦·坡《我发现了》评价说：“是建立在数学基础上的一首抽象的诗，是对物质世界和精神世界的罕见而现代的全面解释，是一种宇宙观。”美国诗人理查德·魏尔伯则说：“坡的作品有丰富的现代寓意，第一，诗意的心灵与外在世界的战争；第二，诗意的心灵与世俗自身的战争。”“坡开创了全新的领地，而他的领地又是现类中最好的。”欧洲文坛对爱伦·坡的肯定促使美国后来的批评家重新认识他们的不幸天才。他们终于看到爱伦·坡是美国文学赖以栖息的铁锚，他一个人就可以为美国文学提供坚实的基础。

二

尽管在波德莱尔的推介下，爱伦·坡的影响力大大提升，但在现代文学史上，波德莱尔享受着象征主义鼻祖之名，而爱伦·坡则要黯然失色得多。爱伦·坡对波德莱尔的影响是不言而喻的。在一封信里，波德莱尔直言不讳地说：“有人指责我模仿埃德加·坡！您知道我为什么如此耐心地翻译坡的作品吗？因为他像我。我第一次翻开他的书时，我的心就充满了恐怖和惊喜，不仅看到了我梦想着的主题，而且看到了我想过的句子，他在 30 年前就写出来了。”“他像我”这样的感觉对爱伦·坡来说是不公平的，就凭这一句就暴露了波德莱尔对爱伦·坡才艺的偷窃之心。艾略特曾总结说：“小诗人借，大诗人偷。”杰克逊对此也有一句精妙的评论，他说：“为了掩盖偷来的马匹，没有受过教育的小偷会砍掉马尾巴，而受过教育的小偷会加上一节马尾巴，然后涂上蓝天一样的颜色。”对于痛恨抄袭和模仿的爱伦·坡来说，如果他有幸听到波德莱尔如此表述的话，一定会愤怒反击，甚至对波德莱尔过度热情追求自己表现出极大的厌恶。我隐约感觉，爱伦·坡小说《黑猫》写的就是自己被热情的追随者谋害的故事。

我无意要避开对两位大师文学贡献的赞赏，而用小人之心搬弄本不存在的是非。文人之间的恩怨和他们的作品一样无法明白地说清。这两位诗人虽然命运相似，对艺术追求的目标一致，彼此心有灵犀，仿佛命定中的同伴，但他们受到的重视程度以及个人影响力却迥然有别。无论生前还是死后，爱伦·坡尽管作为前辈，艺术探索的先驱者，他的文学成就始终毁誉参半。是什么让爱伦·坡蒙受这种不公正的评价？我觉得是弥漫于作品中的悲郁情调伤害了爱伦·坡的声誉和影响力。在爱伦·坡那里，悲郁和死亡是作为审美被关照的，由于他相信最能撩拨读者心弦的力量是悲郁情调，所以，无论小说还是诗歌，他都把作品置于死亡笼罩下的悲郁语境之中。这种极端的艺术追求，让人们感觉爱伦·坡是一个迷恋死亡和有神秘主义倾向的诗人，是一个耽于幻想、行为诡异且思想消极的诗人。而波德莱尔显然从他的前辈身上看到了局限性，在吸收爱伦·坡在形式、语言和审美方式上的长处之后，修正了爱伦·坡的不足。波德莱尔在题材和形式尝试上，比爱伦·坡要丰富和成熟（艾略特在《从坡到瓦雷里》一文中，对坡评价道：“我们似乎只能发现敷衍马虎的写作，因为缺乏广泛阅读和深刻学术所造成的幼稚思考，基于金钱压力下的多种体裁的混乱实验，在任何细节上都远未达到完美。”）。特别是，他回避爱伦·坡审美情趣的单调性（死亡和悲郁），把绝望情绪转化为积极的对抗，把对命运的无从把握转变成对生命态度的鲜明坚守。爱伦·坡的作品读后令人心情忧郁沉重，但仅仅是忧郁沉重，而波德莱尔的作品却在忧郁沉重之后有奋力一吼的力量和快感。爱伦·坡在才华上并不输给波德莱尔，只是爱伦·坡不够长寿，也没有像波德莱尔适逢法国发生大革命这样重大的历史性转折事件，锤炼他的视野和见地，使其具备引领一个时代文学走向的气魄。所以，波德莱尔成为推动文学实现时代转折的代表性诗人，而爱伦·坡却黯然成为波德莱尔登上艺术巅峰的垫脚石。

三

先驱诗人面临着艺术之路选择成败的风险和自我献身的悲剧性结局。爱伦·坡遭遇了这双重不幸的待遇。在揭开诗歌写作的面纱方面，他以暴露自己创作内幕为代价，佐证了一首好诗可以来自纯粹的技术构思。而详尽的技术性表白让他的诗在读者眼里变得不再有心灵的冲击力。

少有像爱伦·坡这样坦诚的诗人，把自己创作的过程和盘托出。他在《创作哲学》中详细地阐述了构思《乌鸦》的过程。爱伦·坡的动机是好的。他觉得："要是某位作家愿意（或是能够）在杂志上写一篇文章，一步步地详述他某篇作品逐渐达到其完美境地的过程，那该多么有趣！"他认为，作家们不肯写是"虚荣心"所致。他说："大多数作家（尤其是诗人）宁愿让读者以为他们写作靠的是一种美妙的癫狂（一种心醉神迷时的直觉），他们当然害怕让读者窥视幕后。他们怕让读者看到他们构思尚未成熟时的优柔寡断和惨淡经营，看到他们只是在最后一刻才茅塞顿开领悟大意，看到在形成最后观点之前的无数模糊想法，看到他们因无法处理一些周密的设想而绝望地将其放弃，看到他们小心翼翼地挑选或剔除，看到他们劳神费力地涂抹或删改。一言以蔽之，他们害怕观众看到幕后的大小转轮、启幕滑轮、活动楼梯、活动板门，华丽服装、胭脂扣红以及黑色的饰颜片，而在百分之九十九的情况下，这些东西是艺术家们必不可少的用具。”坡想揭开写作的神秘面纱，揭开天才光环掩映下作家背后的工作细节，让人们看到一部作品，就算是伟大的天才之作，也充满艰辛的劳动和逐步完善的构想。应该说，艺术家或文学理论家们从没有停止对写作秘密的揭示和探寻，但，的确没有哪个诗人或作家对他的创作过程不厌其烦地唠叨。这并非因为“虚荣心”所致，而是因为文学的目的性所致。这就好比一个厨师，他不能在端上美丽菜肴的同时，把刷锅水一同端给食客，这样做的结果，就是让食客对美食不再有胃口。

基于坡当时与朗费罗之间文学观点的分歧，以及，他渴望拥有像朗费罗一样的文学地位，所以，坡写出《创作哲学》可能更多不是针对揭穿作家惯有的“虚荣心”，而是要颠覆朗费罗提倡的诗歌 “崇高性”和道德说教。正如坡自己坦言：“我认为《乌鸦》一诗是我最广为人知的作品。我意欲让它来证明其创作过程同机遇和直觉毫不沾边——这篇作品是用解决数学问题所需的精确和严谨一步步完成的。”坡的意图很清晰，他只是想证明一部作品可以看作是完全技术之作，这样的作品和作家或诗人的人格修养无关，和一个诗人的写作抱负、责任感无关，归根结底，和文艺复兴以来所倡导的人性和崇高精神无关。尽管坡不避讳自己创作之前，也曾有写一部令读者和批评家都满意的作品的意图，但他认为这个愿望和具体作品的创作毫不相关。

爱伦·坡运用解决数学问题的严谨性和准确性来构思一首诗，使一首诗在诗的层面可以趋向完美。这是个富有创举意义的提法。

在爱伦·坡以后，诗的本体性写作或文本写作通过索绪尔的语言学研究、维特根斯坦的语言哲学，以及罗兰·巴特符号理论和文本狂欢才逐渐成为富有广泛影响的文学思潮。但这已经是爱伦·坡去世 100 多年以后的事了。回溯这一思潮的形成过程，我们把爱伦·坡称为文本写作或技术写作的先驱是一点都不过分的。可在当时，人们并没有看到爱伦·坡的重要性，因为他批评的犀利，特别是指责朗费罗抄袭使他陷入舆论和读者的普遍讨伐。他穷困潦倒，却始终对文学怀着热情和理想，不停地到处演讲，宣传他的文学主张，努力争取自己创办一本刊物，以便不受限制地发表他认为优秀的作品。爱伦·坡的早逝不仅是他个人命运的悲剧，也是美国文学的悲剧。

四

《乌鸦》是爱伦·坡的代表作，有着严谨的结构和内在的韵律。主人和不祥之鸟的对话构成了诗歌层次不断展开递进的推动力，阴郁的语调和回复往还的悲伤情绪，加之雨夜的惆怅，营造出强烈的阴郁氛围。在读《创作哲学》之前，我觉得《乌鸦》是一首有深度的诗歌，描写的是诗人和自己不幸命运的遭逢，也暗指人类共同的命运。诗中反复出现的句子成为这首诗的主基调。一个是“别无他般”，一个是“永不复焉”。“别无他般”出自诗人之口，说出了诗人面对现实的无奈。“永不复焉”出自乌鸦之口，仿佛是哀叹，也仿佛是魔咒，揭示了诗人内心深度的绝望。我曾把这首诗看作是爱伦·坡对自己精神的自传。

读了《创作哲学》后，我对这首诗的好感突然消失殆尽。这篇文章就阅读欣赏来说，破坏了我对爱伦·坡建立起来的好感。一方面，他过度技术性地解读了这首诗的创作过程，让这首诗和他内心之间出现了隔阂（或许，技术性设计也是内心的一部分）。比如，他要写一首讨好读者和批评家的作品，这使他进入前写作准备。他开始过滤头脑中对读者兴趣和批评家好恶的记忆与印象，从中得出艺术最能打动人们内心的是悲郁情调。于是，他确定写一首充满悲郁情调的诗。这首诗应该具有戏剧式的结构，主题应该在剧情最后被揭开。这样让他想到这首诗必须具有一定的结构空间，能够容纳剧情的演变，但要让人们一口气读下来，因此他想这首诗不能太长，应控制在100行左右。他要选择一个故事主角，这个人应该处在悲伤之中，而所有的悲伤都比不过失去美人后的悲伤。同时，这种对美人的伤怀不能发生在一个开放的环境里，于是，他把主人公置于自己的公寓里。而同时，他想写一首具有叠句回环语调的诗。接下来他开始考虑要选择一个词，这个词不仅要有感染力，而且音节要铿锵有力。他自然想到"Nevermore"（永不复焉）。

"接下来所需的就是为反复使用'永不复焉'找一个理由。我很快发现，要找一个足以使人信服的理由非常困难。"爱伦·坡的困难在于他开始希望由人反复说出一个词，当他认为这不现实时，马上想到让一只鸟来说。接下来，他开始在众多的鸟里挑选"演员"。首先想到鹦鹉，接下来想到乌鸦，他发现乌鸦要比鹦鹉更适合营造悲郁的氛围。这样，这首诗的前期准备做得差不多了。

“这时候，我的构思已基本形成：在一首长约百行情调悲郁的诗中，在每一个诗节的最末一行，一只被人视为不祥之鸟的乌鸦一成不变地重复一个字眼——永不复焉。但我绝没有忘记我的目标——要在方方面面达到极致或完美，于是，我问自己：‘依照人类的共识，在所有悲郁的主题中，什么最为悲郁？’答案显而易见——死亡。于是我又问：‘那么这个悲郁的主题在什么时候才最富有诗意？——当其与美结合得最紧密的时候；所以，美女之死无疑是天下最富诗意的主题，而且，同样不可置疑的是，最适合讲述这种主题的人就是一个痛失佳人的多情男子。’”

爱伦·坡甚至先写下最后一行，设计了整首诗达到的高潮部分，然后回过头来再从头写起。他的写作过程像一个技艺高超的裁缝设计一件华丽的晚装。

无疑，爱伦·坡是诚实的，他想说明一首诗前写作是生发于心灵直觉，还是生发于严谨设计并不重要，重要的是你能用最好的语言和素材创作出最能打动读者的诗篇，而除了美以外，其他的打动都是不纯粹的。道理没错，爱伦·坡说出了诗人创作的事实。我不赞同把写诗说得神乎其神，也不赞同把写诗过程说得一览无余。这之间的问题不在于诗人想不想说（关乎写作伦理），而在于能不能准确地说（关乎语言功能）。诗是最高的语言，经由诗说出的，其他补白都是赘述。一首诗产生于诗人，而不是产生于机器。这决定了一首诗就算有完美的构思和设计，也不可以复写。就像爱伦·坡不能复写《乌鸦》一样。这说明放大诗歌的技术性作用也是不准确的。我不否定诗歌写作的技术性存在，但反对唯技术主义。在工匠和大师之间，总还是存在一定的差异，那个差异一定不是技术上的，而是精神上的高下之别。

看到爱伦·坡阐述《乌鸦》的构思细节，我再面对这首诗时总觉得是在面对一个“工艺品”，而不是一首诗歌。我基本没有兴趣再读这首诗。爱伦·坡已经将诗的秘密揭露得一览无余，而且指示出了欣赏的唯一路径。这种做法是费力不讨好的，要么是低估了读者的欣赏能力，要么是变相讨好批评家关注自己的作品。他就像一个魔术师在成功表演之后，向观众展示表演的内幕一样，不是进一步提升人们的好感，而是让人们内心的惊叹陡然消失。诗人自己对作品作如此详尽的阐述，不仅剥夺了读者再创作的权利，也让批评家或文学史家少了发挥的余地。

也许回顾一下爱伦·坡当时的处境，我们多少能够找到他写这篇文章的理由。《乌鸦》发表于 1845 年 1 月 29 日《明镜晚报》上，引起读者和批评家的一致好评，各报刊争相转载，很多诗人作家争相模仿。正是这首诗的成功让他进入了纽约文人圈子，并迎来一系列好运。出版小说集《故事集》、诗集《乌鸦及其他诗》，为具有影响力的《百老汇杂志》撰稿，并成为该刊编辑。就在爱伦·坡春风得意之时，一件事让他的处境急转直下。这件事就是他和朗费罗之争。爱伦·坡随着自己取得成功，对自己的文学主张也越来越自信，特别是面对当时美国诗歌界盲目崇外的现象，他迫切要建立属于美国自己的诗歌。可他的主张却很少得到人们的认同。他为了提出自己的主张并声明其正确性，对当时的诗人给予了严厉的批判，这让他刚刚进入由朗费罗等诗人掌控的诗人圈子就迅速被排挤出来。他丧失了表达的话语权。他拿自己的声望和作品做实验，并在众目睽睽下解剖自己的诗歌，是出于宣讲他的诗歌主张的需要。在残酷的现实面前，这样的努力非但没有让他赢得更多的尊重，反而进一步辱没了自己的名声，也损害了他的生存环境。上帝没有给他更多机会来证明自己的才华，尽管他同时也是侦探小说、恐怖小说的创始人，他想让诗歌成为单纯诗歌的梦想和实践被自己突然破裂的脑血管终结。

爱伦·坡注定是一个人间凄美的歌者，他命运多舛的一生就是一首凄美的诗。面对他的才华和不幸，我并没有任何惋惜之情，而是更清楚地看到他所经历的一切都是属于他的，就像他对《乌鸦》严谨准确的构思一样，命运似乎也早就为他设置好了过程和结局。就像他在小说《瓶中手稿》描述的那样，在黑暗的大海上漂泊，无论他在一艘小船上，还是一艘大船上，都难逃倾覆的命运。"倾覆"这一词，构成了爱伦·坡检测世间一切真相的终极尺子。这一想法反而让他变得单纯而天真，在他内心，这种对单纯和天真的回归成为他矢志不渝追求的目标，那是他对美的最高定义。

我热爱爱伦·坡，唯一的理由是他的一句诗深深打动了我："我命定在年少之时，常去这荒芜一隅。现在，我依然爱那个地方——如此可爱是那湖的凄凉……"——《湖……致》。

史蒂文斯：在虚构中追求至善

一

虚构之境是终极的善。这是一句诗，也是一个人的一生。因为工作，我经常很晚回家。有时借着月光，我看到 W. 史蒂文斯蹲在草丛里捉萤火虫。那个朦胧的一团黑影有十三种观察方式。当我轻轻地呼唤："W. 史蒂文斯先生！ W. 史蒂文斯先生！"我听到精灵子发出不长不短的叫声。

我在一家保险公司工作，业余时间写诗。我和 W. 史蒂文斯是同行，他是美国一家保险公司的副总裁，同时又是美国重要的本土诗人之一。我这样说并非要借助 W. 史蒂文斯抬高自己，而是想表明他是我始终崇敬的诗人。早在 1984 年，当时还在专科学校教书，我第一次接触 W. 史蒂文斯。在诗刊社编的《世界抒情诗选》上，收录了李文俊译的《观察乌鸫的十三种方式》。我读了他的诗感到一个人的灵魂出窍了。那是一种灵魂被身体之外力量控制的感觉，它有着令你无法质疑的冷静和奇幻力量，不寻常又顺理成章；令你想入非非又遏制冲动。在众多的当代优秀诗歌中，《观察乌鸫的十三种方式》带给我的影响是最深刻的。它像一个魔方，吸引我不断地寻求通过词语组合实现诗歌的可能性。很长一段时间，我的灵魂处在出窍状态，那个过程涵盖了整个青春期写作。有时我似醒非醒，想收回出窍的灵魂，就对着月亮喊：乌鸫——乌鸫——

如果说《观察乌鸫的十三种方式》让我看到语言无限空间的话，那么，W. 史蒂文斯的《坛子轶事》则让我领略了语言的内在魔力。在诗歌写作初期，我还不能完全洞悉语言的内在秘密，但这样的诗歌唤醒了我对写作的自觉。虽然，西方、拉美、东欧等每一位伟大的诗人都曾带给我不同程度的影响和启示，但，W. 史蒂文斯带给我的影响要更为持久。W. 史蒂文斯是一个孤独的写作者，在欧美现代艺术流派纷呈的环境里，他选择一个人创作。他没有加入任何诗歌团体，也不属于任何流派。他的独立性使得文学史家无法将他归类。正是这一点，让我更加喜欢他。他对我的影响从 1984 年持续到 1998 年。1998 年之后，陶渊明替代了 W. 史蒂文斯，成为我心中新的偶像。

话说来也巧，本以为我已经走出了对 W. 史蒂文斯的迷恋。2002 年我从哈尔滨迁居苏州，工作的变动让我和 W. 史蒂文斯再续因缘。2003 年，我进入一家保险公司工作。最初我接受这份工作也多少受了 W. 史蒂文斯的影响。在我辞掉政府工作后，我对保险公司工作也心怀抵触。我在心里告诉自己："这样急功近利的工作不是我想做的！"现实总是残酷的，生存的压力让我选择了尝试。我在纠结的时候，就拿 W. 史蒂文斯开导自己：职业并不一定妨碍诗歌创作，W. 史蒂文斯、卡夫卡都在保险公司工作，但他们都是伟大的艺术家。我不能说因为 W. 史蒂文斯和卡夫卡让我安心于保险公司的工作，但这些年我坚持下来，与他们不无关系。

二

金融与诗歌之间存在特别因缘吗？从现象上看，确实有一些著名诗人和作家出自金融行业，并且，这些作家都显露出与众不同的特质。比如把寓言式小说发挥到极致的卡夫卡，曾在保险公司工作；开创了美国东方神秘主义诗学的W.史蒂文斯，曾是一家保险公司的副总裁；现代诗歌以及理论开创者之一的艾略特，在银行工作过；据说意识流小说的鼻祖乔伊斯也在银行工作过。抛却个人气质不谈，行业特点多大程度上影响了一个人的写作？这是我近两年才关心思考的事。我发现金融是现实世界中最具有影响力的诗性。首先货币是一个符号，它的价值不单是兑换价值，还有由此引发的无限联想价值和消解物的虚空价值。在易货贸易时代，交易不具有语言的诗意性，而只具有语言的通约性。但有了货币，交易变成了一个富有想象空间的交谈。不是货币能做什么事，而是我们通过货币可以想象做什么事。这一刻我也许赞同德勒兹的观点，欲望的诗性也是有本质意义的。这个世界没有，或者不会完全被物欲吞没，就是因为有货币。银行玩货币，其实玩的是欲望想象；保险玩风险，其实玩的是危机想象；证券玩投资，其实玩的是利益想象。物欲横流，世间又何以生生不息？就是因为有金融这一诗化的准物质存在（改变了物质存放和流通的方式）。金融这个怪物的出现，一方面是经济社会发展的产物，另一方面也是人性膨胀和对抗的产物。好在有金融危机，不管是国家操纵下的货币战争，还是由于欲望失控导致的市场金融风暴，每一次金融危机都是对人性无限膨胀的修复和调整，就像人间有了诗歌，让疲惫的心得以修复安顿一样，我愿意说金融的诗性就在于金融危机的不确定性，同时又是必然的。

我越来越认同我的工作，源于我看到了它的诗性。同时，我也进一步理解了 W. 史蒂文斯当年的处境。他经历过美国大萧条时代，经历过世界大战，他应该比那些热心于描写现实和重大主题的人更了解社会和人性的本质。在诗歌参与社会活动的选择中，W. 史蒂文斯不是逃避，也不是激进，而是选择了对不安灵魂的修复和安顿。人们开始倾听 W. 史蒂文斯那带有自言自语的表白，已经是 T.S. 艾略特和弗罗斯特享尽诗歌无限荣光之后的事了。第二次大战后，人们的心灵备受战争和死亡的摧残，上帝在苦难面前表现出的无助也让人们感受到生命的卑微和前途的渺茫。或许，人们已经厌倦了艾略特那种需要借助注解来阅读的诗歌，迫切需要心灵休息，人们发现了 W. 史蒂文斯。

《坛子轶事》把陷入迷茫中的人们引入到心灵秩序的自我建立之中。那个放置在田纳西山巅的坛子，使群山向它聚拢。那个坛子所具有的无限魔力都是一颗心冥想的力量。而《内心情人的最高独白》让现实中孤独的人们，找到了理想的爱和归宿。

三

虚构之境是对现实的温暖和抚慰。作为保险公司副总裁，在客户发生不测的时候，他会依据保单约定送上赔款。而作为诗人，他面对更多无助的人们却只能送上诗歌的抚慰。在他看来，当上帝都靠不住的时候，“虚构之境就是终极的善”。这一理念是他诗歌的灵魂和密码。从抚慰角度来看，这种虚构的秩序并非全然无效。当一个人觉悟到自己不佳的处境可以通过调整内心环境来改善的时候，他会让自己换一种心境生活。就是今天，W. 史蒂文斯《内心情人的最高独白》仍然会让一些生活受挫的人感动流涕。

不过，也不是所有的人都喜欢 W. 史蒂文斯。现实主义诗人就质疑这种虚构的秩序是脆弱的，经不住现实检验的。当一个人需要面包以活命时，你给他一片虚构的面包，这是不道德的。事实上，W. 史蒂文斯自己也不能自圆其说。他本来在大学时就开始写作，毕业后从事记者工作。这种和写作相关的工作让他一度很满意。可是，不久报社倒闭，养家糊口成为问题。在父亲的说服下，他选择了收入较高的行业。为此，他又进入大学读律师专业。毕业后，靠自己的律师所长他进入一家保险公司，并很快晋升为公司副总裁，做了 20 多年，直到退休。他过着衣食无忧的生活，有条件和精力冥想。他不喜欢旅游，也不喜欢交往，把大部分时间花在了自我冥想上。在写作上，他是一个个人主义者，因此，他曾被批评是一个逃避现实的写作者。但在生活中，W. 史蒂文斯走的是一条务实路线。

我不再迷恋 W. 史蒂文斯。不过，我仍然觉得他的诗歌不仅在美国，在世界都是一个无法超越的巅峰。我们感谢他的创造和奉献，使我们看到了通常看不到的世界。从内心到现实，我们将信将疑，却又喃喃自语：“虚构之境是终极的善！”

冬夜月亮又圆了，萤火虫已灭迹。草丛里倒是多了一团又一团黑影。我不确定那些黑影是不是都叫 W. 史蒂文斯。

四

活在人间，又超凡脱俗。多数诗人都会有脱凡成仙的感觉。那一刻，他对现实世界所需甚少，他飞翔在词语之中。苏格拉底曾说："一无所需最像神。"尽管苏格拉底不欣赏诗人，但这句话却说出了诗人创作中的心灵秘密。一个诗人最好的传记就是他的诗。他生命中最有价值的部分也是他的诗。他是不是一个道德和人格有缺陷的人，最终都不妨碍他在诗中演化为语词。诗人在语言中并不扮演局外人的角色，也不是主导者，他只是诸多语词的一种。当我说 W. 史蒂文斯时，我并非在说一个人，而是说一个语词。

我从未见到过 W. 史蒂文斯，却每天和他在一起。我对他曾有的生活过程并不十分在意，比如："1918 年 4 月或 5 月份，W. 史蒂文斯旅行到田纳西，随身带着一个玻璃果汁罐。这种果汁罐产于加拿大。"这种考察的目的是想印证 W. 史蒂文斯何以写出《坛子轶事》。这种考察诗歌的方式在我看来实在无趣。诗不可能被解读成普遍理解之物，就算它有原样也是不可求证的。

我非常理解 W. 史蒂文斯的观点，他认为："词必须就是它再现之物，否则，它就是象征，是对自身的质疑。"词在及物时也及心，这种合一的状态构成了虚构的至善：不掺杂任何不良企图。此刻的虚构之境也是真实的心境。这句话不是理论之说，而是W.史蒂文斯的经验之谈。凡是那些对现实生活不满足，又忠诚于诗歌创作的人，都会有这种心理感受。这句话也是不可以明白说清楚的，因为，每一次创作的心境都不一样。所以，W.史蒂文斯又说："诗人不必把自己的经验改写成哲学经验。"不管别人怎样想，如果诗人选择了创作之路，他就规划了自己生命的路线。他只身前往，义无反顾，在常人看来不可理喻，而诗人乐在其中。

"除了诗歌，我没有生活。"这是W.史蒂文斯的心灵独白。

W.史蒂文斯工作很繁忙，他的大部分时间不是用在诗歌创作上，而是用在了工作上。他在上下班的路上构思诗歌。他就像一只拴在线上的鸟，离开办公大楼，就将他放飞，进入办公大楼就将他关进笼子里。完成这样的转换需要一定的控制力。他的才智使他能够同时驾驭两种不同的东西：一种是现实的利益关系，一种是虚构的词语关系。他未必视二者为对立关系，可能他也享受二者同时带给自己的成就感和快乐。

W.史蒂文斯使诗歌成为一种私密的交谈。他拒绝和诗歌界接触，满足于自娱自足。但他对诗的思考感知从未封闭过。他像一个躲在幕后看魔术表演的人，洞察到每个诗人的长处和不足，然后他选择自己有别于他人的方向一步步前行。他深谙语言的秘密，他的诗既不同于惠特曼的激情奔放，也不同于狄金森的细腻婉转，他吸收中国诗歌艺术写意性的特点，形成了其诗歌意象简明、结构跳跃、意蕴新奇、莫测有趣的特色。他是美国诗歌史上的另类诗人，他开拓并丰富了美国诗歌传统。

五

W. 史蒂文斯是一个非常重视诗的语言和形式感的人。他的想象力奇特、活跃，总是有惊人之语。他并不在观念和态度上迷恋诗意，更不把知识当作写作资本，这一点，他比 T.S. 艾略特要高级，比庞德丰富，比惠特曼有趣。

W. 史蒂文斯创作题材非常宽泛，但他后期更倾向于写组诗。如果说短诗往往来自诗人灵光一现的话，那么组诗和长诗往往来自诗人的“苦心经营”。W. 史蒂文斯在《弹蓝色吉他的人》《最高的虚构笔记》等长诗中都留下了“经营”的痕迹。我们可以想象，他在选择语言上挑剔用心的程度不亚于他对保险风险的严谨识别。因为不急于发表，也因为不希望通过诗歌赢得名声，他有足够的时间来字斟句酌，直到他找到满意的词和句子。又何况，W. 史蒂文斯是善于学习的人。在歌咏自然方面，他把华兹华斯、雪莱和济慈奉为老师，从他们身上，他学到了观察自然和生命的方式，却摒弃了他们诗歌中的浪漫抒情。比如《观察乌鸫的十三种方式》要较雪莱的《云雀》更为客观、机智、有趣。在形式上，他吸收了存在主义、结构主义的理念，深受尼采和毕加索的影响，但他又少有存在主义的悲观，对个人意志的膨胀性执迷，以及毕加索生硬的拼贴。他较好地融合以上不同理论的长处，形成了自己的诗歌观。比如，他从存在主义那里获得这样的认识：“世上，没有比现实更伟大的事。正是在这种困境中，我们必须将现实当作唯一的天赐来接受。”他的现实就是尼采取消了神性主宰和先在性后的当下存在，并套用尼采的“唯意志论”，提出了自己“唯想象力论”。

W. 史蒂文斯是幸运的，他的努力换来了丰硕的结果。他晚年先后获得了美国四个重要的奖项。分别是哈丽特·门罗诗歌奖（1946）、波林根奖（1950）、国家图书奖（1951、1955）、普利策奖（1955）。对于向来不爱出风头的 W. 史蒂文斯来说，这些奖项不是令他兴奋，而是令他羞涩。W. 史蒂文斯不喜欢标榜自己，也不喜欢被别人标榜。兰色姆曾给 W. 史蒂文斯写过一段评语：“我最爱他的诗，事实上我认为，他的诗之可贵不仅是其品格，而且是其思想。对我来说，他在为建立在崇高之上的世俗文化辩护……”出版商认为兰色姆的评语对推销 W. 史蒂文斯的诗集有帮助，希望用这句评语做广告，编辑征求 W. 史蒂文斯意见时，被 W. 史蒂文斯拒绝。W. 史蒂文斯不喜欢人们对他的诗歌下一劳永逸的结论。

就像绝大多数读者感受到晦涩难懂一样，W. 史蒂文斯作为诗歌语词，还有一个字是属于他的，这个字就是“迷”。

六

岔路检验一个诗人的才华和诚实。弗罗斯特面对岔路，选择放弃一端，安心于自己想走的一条。弗罗斯特是厚道的。

博尔赫斯则让岔路交叉，以便更具有中国的神秘性，并将它安放在花园里。他在花园里反复踱步，在岔路的交叉处作短暂的停留，若有所思，又心怀忐忑。他为自己同时拥有双方感到不可思议。博尔赫斯是一个把自己置于局限中的诗人。他一生都在和局限作战，就连失明都没有让他停止对镜子不安的联想和恐惧。

而 W. 史蒂文斯同时走在保险和诗歌的岔路上（左派批评家认为 W. 史蒂文斯的纯诗写作是诗歌史上的一条岔路），他有足够长的双腿，以至于就算他脚踩两只船，也不会让身心分裂。况且，他总是穿着得体，大衣遮住了他岔开的双腿。在他那里，最后没有岔路，有的只是岔开的双腿。他自己承认这一点，这样才符合“最高的虚构”原则。

我不知道怎么看待 W. 史蒂文斯这个人。他从毕加索的绘画和中国艺术中获得形象感和想象力，从散步中获得对现实的观察，本来是一个以视觉和听觉创作见长的诗人，却把最高级的创作归结为“抽象”。我能感觉到他暗中在向艾略特看齐，却又缺少艾略特的阅历和知识。其实，他更像是一个徘徊在自己设计的岔路上的诗人。为了不让别人看出破绽，他总是留给别人十三种以上的看法。

七

W. 史蒂文斯总是满足于自我设计的生活。这让我好奇，他在生活中是否存在过不如意？对于工作来说，我想他一定得心应手，而在爱情和家庭生活上，他却未必如意。尽管他如愿追求到美丽的意中人。那是 1904 年，W. 史蒂文斯 25 岁，他爱上了家乡雷丁镇美女艾尔西。美元一角银币和半美元上的头像都是以艾尔西为模特制作的，可想艾尔西的美丽。W. 史蒂文斯把艾尔西当作理想的美和缪斯加以追求，1909年，他们结婚。一度，艾尔西是他诗歌创作的源泉和动力。W. 史蒂文斯在1908年至1909年写的诗都是献给艾尔西的。这时的艾尔西是W. 史蒂文斯的第一读者，她也支持鼓励史蒂文斯不断探索现代诗歌写作。可是，问题来了，当时的《倾向》杂志刊发了W. 史蒂文斯写给艾尔西生日的六首诗，艾尔西认为W. 史蒂文斯未征得她同意发表这些诗，触犯了个人隐私，背叛了对自己的承诺，是一个虚伪的人。这件事埋下了W. 史蒂文斯婚姻不如意的隐患。艾尔西从此对丈夫的诗不再感兴趣，甚至对他发表新作十分恼火。这样的变故，让W. 史蒂文斯寄托在艾尔西身上的美丽梦想破灭了。但基于他对自己名分的注重以及艾略特婚姻变故带给他的启示，他一生对此委曲求全。这让我想到，他如此迷恋冥想和虚构，可能正是他逃避不如意的现实采取的无奈之举。W. 史蒂文斯一生从不把朋友带回家，也很少与诗歌界往来。以我的经验来看，这完全有可能是艾尔西为他制定了戒条。在W. 史蒂文斯晚年，诗歌奖项一时间朝他涌来。这或许是艾尔西最不愿看到的。她是怎样恼怒于自己的丈夫在诗歌上如此风光的，我不得而知。但，从W. 史蒂文斯去世后，艾尔西撕毁了和丈夫有关的一切材料来看，艾尔西几乎就是阻拦W. 史蒂文斯这头“牡鹿得得奔跑”的那只“纵身向前，忽右，忽左，毛倒竖”的“火猫”。

但家庭带给W. 史蒂文斯的也并非全然是阻力。他去世后，女儿霍利投身到整理父亲遗著的工作之中。她编的W. 史蒂文斯诗选《心灵尽头的棕榈树》是研究W. 史蒂文斯最有价值的诗选。我不知道艾尔西撕毁的材料中是否包括W. 史蒂文斯倾情写给她的诗稿，这种结果印证了某些诗人的宿命：不是现实击碎梦想，而是梦想的破灭击碎了现实。

八

一个不幸是一首诗。一个不幸加另一个不幸是一场戏剧。一个不幸加另一个不幸加 N 个不幸，是一家保险公司。

不幸通常作为意外事件来看待，那是对个人而言；不幸是一个必然的事件，那是对人类而言。没有不幸就没有诗人（耶胡达·阿米亥说得更为严重，他说："倘若没有生活的艰辛，就不会有诗人了。"）。同样，没有不幸就没有保险公司。保险是对不幸身心的有条件安抚。从安抚的角度看，宗教是最古老的保险公司。释迦牟尼、上帝都是保险公司的总裁。诗歌倒未必与保险有关，通常诗歌不能给不幸的身心带来安抚，相反，它激起我们内心对不幸的记忆和感受。

W. 史蒂文斯作为保险公司的副总裁，他善于经营人类的不幸。利用他法律方面的特长和德国人理性的血统，他能够帮助公司成功地从人间的不幸中赚取利润。但保险公司总裁的职位并不像 W. 史蒂文斯这样每个人都能从容地做到退休。美国"911 事件"后，有 13 家保险公司倒闭。中国 2016 年天津大爆炸事故，直接导致瑞士再保险公司总裁辞职后自杀。

那个自杀的保险公司总裁多么有责任感呀！要是在中国，他完全可以换一家公司继续总裁生涯。我也好奇，或许他也有诗人的情怀。不是公司亏损让他绝望，而是如此悲惨的事件竟出自人祸让他对这个世界绝望。但在事故发生国，除了那些瞬间被爆炸化为乌有的无辜者以外，没有人肯为此以身殉职。不过，在中国，诗人自杀倒是不稀奇，这类事平常到让普通老百姓听到后如风过耳一样。我不赞同诗人自杀，从佛法讲，杀人或自杀都犯有重罪。但诗人自杀总会有很多自己的理由，像保罗·策兰一样，用死完成他一生最后的写作，有这种想法的自杀诗人定不会在少数。如果可能，我会建议公司开发一款保险，就叫诗人自杀保险。鉴于诗人行为的疯狂性，估计没有哪家保险公司肯做这一高风险生意。

W.史蒂文斯的确是一个经营的天才。他在保险公司的经营经验，也让他经营词语时驾轻就熟。在众多有成就的中外诗人中，或许只有W.史蒂文斯配称作诗歌的经营者。

现在，我正开车上班。途中，我突然想到了以上这段话，像可爱的W.威廉斯一样，赶紧找个地方停车，我在手机上记录下来。你可以想象，W.史蒂文斯在我脑子里跳来跳去，而我又在高架路上开车，这是怎样的不幸？

九

武器藏在绿茶里。这是我昨晚和朋友们聚会做文字接龙游戏时即兴说的一句诗。

当时，我手里举着朋友用麦苗做成的饮料。麦苗的汁液有冬天的锋利。

这是我第一次喝麦苗的汁液，在我的记忆里，我们都是吃小麦磨成的面粉。这种古老作物犹如诗歌，令人熟悉而又陌生。我被那浓绿的汁液镇住了，那一刻，小麦这个词脱胎换骨。我甚至认为过去从面粉中发明的所有美食都是俗物。我好像被什么东西击中，我喝得很慢，用味觉搜查藏在汁液里的武器。

我无法说得具体。最后，我把杯中的饮料喝光了。我没有吐出武器。

写作是一种历险。诗歌是不能上保险的，与词语的契约是一则免俗约定。诗人需要有一把刀把自己从习惯的生命轨迹以及普通的麦田里割断，经过压榨粉碎，以便成就一杯藏有武器的绿茶。

这把刀通常出于他人之手：一个诗人从另一个诗人的“刀锋”下获得新生。

对于叶芝来说，泰戈尔的《吉檀迦利》是一把“刀”。对于W.威廉斯来说，艾略特的《荒原》是一把“刀”。对于金斯伯格来说，奥登那高大的身影就是一把“刀”。当一个诗人对另一个诗人表现出无限崇敬的时候，他正痛下决心把自己和偶像一刀两断。但事实上，诗人无法割裂前人的影响。一个诗人对另一个诗人好东西的继承与借鉴，成为诗人写作秘密的一部分。就像一杯绿茶中藏而不露的武器。

W.史蒂文斯的杯中藏着多种武器，有来自毕加索绘画理念的，有来自中国古典诗歌和绘画的，有来自尼采强力意志的，有来自庞德意象主义主张的，甚至包括浪漫主义情调和隐逸诗人趣味的。长期不发表作品避免了他的作品出现多种武器影响的硬伤。即便如此，来自庞德以及左派批评家的批评还是让他深受干扰，他甚至迎合时事趣味写出了《餐用鸭》《阴沉的外形》和《贝恩旭先生和雕像》等作品，这些作品被称为他的马克思主义三部曲。但是实践证明，他并不善于这种投机性的对马克思主义诗歌的创作。对于一个不愿意出风头的诗人来说，这个创作过程是否让 W. 史蒂文斯感到过羞愧和耻辱？在饮下混合着利器的红酒后，他是怎样经过最初的创痛，把一把把批评的利箭变成营养的？这些问题着实令人好奇。W. 史蒂文斯与其说他资秉过人，不如说他有一副功能超强的“胃”，加之时间给了他自我修正的空间，他成功地吸收了不仅是他自己，还包括美国诗歌需要的必要营养。

但我们对他一个人暗中斩断和疗伤的过程一无所知，正如他不温不火的表情没有任何伤痕一样，他把阴暗面都镀了金。罗伯特·勃莱在《华莱士·史蒂文斯和杰基尔博士》一文中无奈地说：“W. 史蒂文斯的家庭（中产阶级上层德裔美国人）显示出对阴暗面的可敬忍耐力。我不清楚阴影是如何复归于像 W. 史蒂文斯那样复杂的人的；对此，我真是一无所知，而在这里所说的只不过是些臆测。”

但我不是通过臆测说出“武器藏在绿茶里”，我确实品味到了冬小麦的锋利。

十

大海通过一张嘴流向另一张嘴。我们并不满足亲眼所见的大海，有时我们需要听到它，或读到它。通过类似阿尔戈战船出发的仪式，看到大海怀有的英雄气和血性。但大海也面临过度的阐述，以至于它承受了本不该承受的赞美和诅咒。大海里有一个海伦，这让大海成为史诗的源泉。大海里有一群海伦，这是大海变成深渊的原因。但大海并不因此枯竭，海妖如果舞蹈，大海也心潮澎湃。海妖替代海伦时，大海在一张纸上哗哗作响。大海如果启齿，我们都该沉默。

奇妙的是，大海诞生诗歌，也诞生保险。公元前916年罗地安海立法规定："为了全体利益，减轻船只载重而抛弃船上货物，其损失由全体受益方来分摊。"现代海上保险是由古代巴比伦和腓尼基的船货抵押借款演化而来。14世纪以后，现代海上保险已在意大利的商人中流行。1384年，在佛罗伦萨诞生了世界上第一份具有现代意义的保单。

1384年，大瘟疫在意大利流行。文艺复兴思想开始萌芽。这一年，薄伽丘创作了《十日谈》。而早在公元1308年至1321年，但丁用了13年时间，完成了《神曲》。但丁以大海为原型把地狱设计成漏斗形，那是一个苦难灵魂聚集的深渊。但丁在《地狱篇》第五歌中写道：

现在悲哀的声音开始
传到我的耳朵；现在我来到
很多的哭声向我袭来的地方。
我进入了一处完全无光的地方，
它像汹涌的大海那样呼啸，
当大海和狂风搏斗的时候。
地狱的暴风雨，无时休止，
把那些阴魂疾扫而前，席卷他们，

鞭打他们，以使他们苦恼。

——朱维基译

与此同时，海上商船在风浪中遇难的事件频发。如同但丁寻找抵达天堂之路一样，商船主们也在寻找避免损失的方式。根据大数法则，他们找到了保险。引导但丁走出地狱的人是一个天使；而商船主们签署的保单是另一个天使。

文艺复兴为欧洲文明的进步点燃了明灯。诗歌和保险这两种互不相干的事情竟然同时成为标志着时代进步的里程碑。

我突然觉得，对W.史蒂文斯来说，他获得保险事业和诗歌创作双重成功，这或许是天使对他的引领和眷顾。

十一

大海是一种荒谬的形式。在我读过的关于大海的诗中，美国意象主义代表诗人H.D.（希尔达·杜利特尔）的《山林仙女》印象最为深刻。她并不直接写大海，她要写的是一个仙女身上的魔力。但她却从大海写起。大海在这里不是比喻，也不是象征，大海就是林中仙女，或者，林中仙女就是大海。这不是我们凭经验可以认识的大海，这是意念之海，词语之海。意象主义在庞德的推动下一度在英美诗坛上影响巨大，但不久就衰落了。现在，回顾意象主义发展过程，我们不难发现诗人群体中存在水平参差不齐、创作刻意等弊端，但H.D.的诗明显高出一筹，而且，在诗歌上影响也更为久远。其中，《山林仙女》堪称代表作。

翻腾起来吧，大海——
把你的松针翻腾起来，
把你大堆的松针
向我们的礁石泼过来，
把你的绿色向我们的身上猛掷吧，
用枞叶的漩涡把我们覆盖。

——裘小龙译

这首诗带给我们的想象冲击力和切身感染力是不可思议的，让人有一种莫名的冲动和振奋。在诗歌创作中，她打开了我们通往语言无限空间的密道，她使写作超凡脱俗，无所不能又恰如其分。她带给后来诗人们的影响是巨大的。让我们把 W. 史蒂文斯《弹蓝色吉他的人及其他》一段关于大海的诗摘出来与 H.D. 的作品对应来看，或许会发现某些秘密。

这是使屋顶变白的大海，
大海飘入了冬天的空中。

这是北风掀起的大海，
大海在正飘落的雪里。

此时的朦胧是大海的阴暗，
地理学家和哲学家。

凝视着，除为了那只咸杯，
除为了屋檐的冰柱——

大海是一种荒谬的形式。

在语言方式上，这两首诗都属于意象写作。H.D. 意象的原点是“山林仙女的魔力”，W. 史蒂文斯的意象原点是“吉他音乐的起伏”。从创作时间来看，《山林仙女》创作于 1914 年，而《弹蓝色吉他的人及其他》创作于 1937 年。在 1915 年至 1922 年间，W. 史蒂文斯出版了诗集《簧风琴》，这部集子里的诗歌大多都是用意象性语言写出的，只是，当时没有产生多大影响。而《山林仙女》却让 H.D. 奠定了大师的地位。时隔二十多年，W. 史蒂文斯重新回到意象性语言的写作之路，说明他更相信诗是一种主观的产物。

H.D. 后来脱离意象主义轨道，改向关注现实创作。而 W. 史蒂文斯则沉迷于将非真实的变成真实。一首诗如果不能感动人，手法上多高级都不高级。比较 H.D. 和 W. 史蒂文斯关于大海的描写，我更喜欢《林中仙女》。W. 史蒂文斯晚年固执地认为不写表面的现实是诗人最高的职责。他在《论纯粹的存在》中写道：

一只金翅鸟
在棕榈树上歌唱，没有人意，
也无人情，是一只陌生的歌。

这首诗让我想到庞德关于意象主义的三原则：“1、对于所写之‘物’，不论主观的或客观的，要用直接处理的方法。2、决不使用任何对表达没有作用的字。3、关于韵律：按照富有音乐性的词句的先后关联，而不是按照一架节拍器的节拍来写诗。”按照庞德的意象主义定义，意象即瞬间出现的“理性”和“感情”的复合体。一首诗内涵是意，外表是象。W. 史蒂文斯不写表面的现实，就是坚持认为诗歌的“意”和“象”完美结合才是高级的写作。但和意象主义的主张相比，W. 史蒂文斯又淡化了诗人主观臆想和情感的因素，强调“没有人意，也无人情”。这一理念和中国古典诗歌中的穷情写物颇多吻合之处。庞德把中国的诗歌艺术引入美国，并倡导推动了意象主义的诗歌运动。W. 史蒂文斯应该是美国将意象主义写作达到极致的诗人。人们认为 W. 史蒂文斯的诗歌晦涩难懂，其实进入 W. 史蒂文斯的诗歌也有窍门。

1、W. 史蒂文斯的诗歌都源于现实和阅读（读画），现实提供的是词语和秩序，阅读提供的是结构形式。2、W. 史蒂文斯创作遵循虚构原则，虚构的动力来自想象力，虚构的材料是词，虚构的目标是使现实呈现出超出常规意义的存在。3、W. 史蒂文斯用词写作，而不是句子，这是他超出美国传统诗歌之处。他的诗画面感强，属于视觉和听觉感知的世界，而不是理性、经验、历史等传统或推理的世界。4、W. 史蒂文斯的诗属于趣味作品，没有宏大叙事和对生命悲苦的感怀，他的作品不仅于他自己，对读者也一样是一种愉悦的方式。

大海是一种荒谬的形式。所谓荒谬并不是不可解，而是不可以平常理解。为什么不可以平常理解？因为诗歌产生于某个偶然的瞬间，那种生命和灵感高度契合的状态是不可以复原的，也是不可以复制的。正如 W. 史蒂文斯面对一个读者的要求解释一下他的诗时所说：“你要我用蹩脚的英文再改写一遍吗？”但阅读诗歌是一个再创作的过程。阅读的目的不是拼命弄懂每一句诗的意思，而是要领会一首诗创作的过程。诗人值得我们崇敬是因为他发现了别人没有发现的世界，这个世界自他发现后便成为真实的存在，不管这个世界来自客观存在，还是来自诗人的主观虚构。W. 史蒂文斯的重要就在于他改变了西方用传统眼光看待世界的方式，而这种改变充满了中国诗歌艺术的潜在影响。

我听到了“金翅鸟”的歌唱。第一次听他是陌生的，第二次听感觉亲切，第三次听已然熟悉了。“金翅鸟”应该知道自己的局限，不会唱出让人们永远陌生的歌，但他努力创新，他把唱出陌生的歌当作一个歌者的使命。这样，他至少可以避免自己堕入“媚俗”或“逢迎”歌手之列。

十二

“诗歌只会显现给天真的人”，出自 W. 史蒂文斯《最高虚构笔记》。从生活态度到写作态度，我都很难把 W. 史蒂文斯和天真这个词联系起来。除非 W. 史蒂文斯把为艺术而艺术看作天真，或者把纯粹的语言游戏看作天真。

我更愿意相信 W. 史蒂文斯在写作上是一个有想法且深思熟虑的诗人。尽管他并不擅长诗歌理论。他在写作上不得不给自己做一些理论方向设定，可能都源于他和 T.S. 艾略特生活在同一个时代。他一定深受艾略特《传统与个人才能》《什么是经典》等思想影响。这些在当时权威的论述不能不引起他的思考。可以想象，T.S. 艾略特既具有创作才华，又具备理论功底，他对同时代的诗人构成了怎样大的阻力。这一阻力迫使想要超越 T.S. 艾略特的诗人必须另辟蹊径。诗人的独立个性和诗歌的独特精神都呼唤 W. 史蒂文斯走一条有别于他人的创作之路。实际上，在当时，不仅 W. 史蒂文斯这么想，W. 威廉斯也这么想。他们同时把 T.S. 艾略特当作自己创作的参照系，走上了回避甚至背离 T.S. 艾略特诗歌主张的创作之路。从理论上比较，我们不难发现诗歌只会显现给天真的人是与 T.S. 艾略特强调经典作品来自诗人和社会的成熟恰好相悖的。也许，W. 史蒂文斯不如 T.S. 艾略特的理论缜密，他就这么一说，但是，这暴露了他的创作态度和野心。严格地说，他是一个对写作有态度但没有理论的诗人。

每个诗人都有诗歌写作态度，但不是每个诗人都有自己的理论。人们通常将诗歌创作和诗歌理论对立看待。诗人们想要诋毁理论时就会说“诗歌是和理论不相关的东西”，而他们想要让自己有别于他人时，又拼命地搜罗理论词条，给自己贴上这样或那样的理论标签。态度相对理论来说，是变化不定的、可疑的，有着强烈的投机性，但理论需要根基，建立它和推翻它都必须花一番工夫。诗歌理论可能无助于一个庸才写出杰作，但可以帮助庸才认识什么是杰作。理论对写作无效只是对天才的诗人而言，对一般人来说，要想提升自己的写作能力和鉴赏能力，读一些诗歌理论是必不可少的。事实上，我们看到绝大多数杰出的诗人，通常也都是优秀的理论家和批评家。当然，我也看到当代太多的诗人滔滔不绝地表白着自己的态度，今天反对这个人，明天反对那个人，有的人甚至反对自己所反对的。一个诗人在浮躁的时代如何沉潜下来，把一种写作态度变成生活方式和作品形式，W. 史蒂文斯堪称典范。

从作品角度来看，没有人能够断言诗歌只会显现给天真的人。我倒更愿意把诗歌分为“轻诗歌”和“重诗歌”。轻诗歌只关乎趣味性，它更像是一个人的灵魂散步，或游戏；而重诗歌关乎社会、政治、历史等重大命题，它更像是一个群体的舞蹈。按照这样的划分，W. 史蒂文斯当属于轻诗歌之列，而 T.S. 艾略特当属于重诗歌之列。回过头来，套用 W. 史蒂文斯的思路，我想说轻诗歌显现给单纯的自我关照的人；而重诗歌显现给复杂的自我关照的人。单纯不等于天真。有的批评家把回避政治和战争的 W. 史蒂文斯的诗歌归入“纯诗”，也不等于他的诗歌就是天真的。甚至，他也不够率直。在艺术的天真方面，他远不如埃米莉・狄金森；在做人的率直方面，他不如庞德。

但是，我多么愿意相信 W. 史蒂文斯是一个天真的诗人，这样，我们不仅是同行，也有共同的爱好，就是捉萤火虫。现在是 12 月，否则，我真想赤手空拳守在草丛里，和 W. 史蒂文斯一起蹑手蹑脚地追逐飞动的光点。我们像两个只顾好奇的孩子。

他认识了邪恶，给我们留下美

——兰波散论

1. 序

我喜欢在床头放一堆书，每天睡觉之前，或者半夜醒来，我会随手翻开读几页。有些书我读过多次，但还有读的必要。比如《兰波全集》和单行本的《地狱一季》。我发现20年前读兰波和50岁以后读兰波，感觉完全不同。20年前，我对兰波是排斥的，我觉得他的叛逆过于草率、使性，带有青春期的冲动，以至于他的诗仅仅是灵光一现。不久前的一天晚上，我在睡前随意翻看《兰波作品全集》（王以培译，东方出版社）时，打开的那页诗是《晚祷》，“我坐着，像一位天使落在理发师手中”，我突然被这一句击中，立刻坐直身姿，我发现自己过去对兰波有失恭敬。“理发师”作为世俗生活（或宗教生活）的象征太准确了，这种世俗生活（或宗教生活）并不以大恶毁灭诗人的才华，而是在看似顺理成章的日常习性中摧残诗人的个性。而“晚祷”就是一个手持剪刀，对所有突出或蔓延思想予以剪除的“理发师”。兰波对此没有表现出愤怒和反抗，而是用一种蔑视的态度表达了他对“神圣与梦想”的不屑。

就像旧鸽棚里热腾腾的鸽粪，

缤纷的梦想将我轻轻灼伤：
随后我那忧郁的心，像一块斑驳的废木，
滴着落花的阴影与年轻的金黄。

仔细吞下我的梦想，
一气狂饮三四十杯，我又回转身来，
静思默想，散尽心头尖刻的欲望：

就像主宰小到海索草大到雪松的万物之主，
我温柔地撒尿，朝着棕色的天空，
又高又远，并得到硕大的向日葵的赞同。

我被一个又一个奇妙之语所打动，比如“我那忧郁的心，像一块斑驳的废木”“我温柔地撒尿，朝着棕色的天空”等，都表现出了兰波对语言独特而精准的使用。而这些诗句新奇却并不刻板突兀，与兰波内在的反叛气质相吻合。同时，兰波在这首诗里很好地节制了情绪，正如他所言，是在“静思默想，散尽心头尖刻的欲望”后的心声。在这首诗里，兰波展现了他语言的率性和机智，并纳入了戏谑的成分。毫无疑问，《晚祷》这首诗让我重新看到兰波的可爱与不凡。

我决定好好读一读兰波。怀着恭敬、好奇和细心，我要更近地走进兰波的写作。这是我完成了史蒂文斯、爱伦·坡细读后，给自己制定的又一个计划。我看到很多对兰波的评论，包括法国诗人和批评家的评论，这些评论让我疑窦丛生。兰波的写作生涯很短暂，他流星一闪的生命让他的诗歌和人生都留下了传奇而神秘的色彩。在细读之前，我把自己关心的问题都罗列出来。这些问题包括：

A. 兰波的写作和波德莱尔究竟有怎样的关系？兰波的独创性以及自身的特色何在？

B. 兰波的“通灵者”写作本质是什么？幻觉写作和“通灵”是什么关系？

C.“我是一个他人”，兰波说出这句话意味着什么？这和后来哲学、心理学上的他者有什么不同？

D. 勒内·夏尔评价兰波说：“兰波并不感到也不想做艺术家……他是在沉默中，在不自觉中成为艺术家的。”事实果然如此吗？

E. 兰波是一位绝对的天才诗人，可为什么在他创作巅峰期突然和诗歌告别，并声称“艺术是愚蠢的”？

……

几个月来，我并不急于下笔。我做了大量阅读笔记，仔细玩味他的每一封书信和每一句诗的含义。甚至，我以自己青春期的经历和经验来关照兰波的感受，以“通灵”的方式和一个“通灵者”交谈。我有了诸多的新发现。这些新发现让我看到我们（包括我自己）对兰波存在的太多误解。我为自己能够触摸到兰波的心跳而兴奋。这种兴奋大大超出批评的意义，而是两个诗人知音的共鸣。

2. 兰波早期写作

兰波的写作可以分为三个阶段。第一个阶段，与魏尔伦相识之前，即1871年8月之前，我把这段时间定义为兰波的早期写作；第二个阶段是与魏尔伦通信一直到两人因枪击事件分手，时间是1871年9月至1873年7月，我把这段时间定义为兰波的中期写作；第三个阶段是1873年8月至兰波去世，时间是1873年8月至1891年11月10日，我把这段时间定义为兰波的晚期写作。

为什么把与魏尔伦的交往过程作为兰波写作阶段划分的标志？因为魏尔伦改变了兰波的生活方式。而兰波从迷心于“通灵者”写作，到迷心于过一种流浪的同性恋生活，到疲惫厌恶放浪的生活，决定和诗歌告别都直接与魏尔伦有关。借着魏尔伦这个参照物，我们便很清晰地看到兰波在不同阶段的写作特点和代表作品，看到兰波在艺术上的独创性和变化过程。

首先，在第一个阶段，兰波与魏尔伦接触之前，兰波已经是一个思考和写作都十分成熟的诗人。虽然他只有17岁，但他的诗歌才华足以令世人仰慕。这时的兰波并不像某些人想象的那样，是一个“坏孩子”或者靠吸食大麻来激发幻觉的写作者。实际上，兰波拥有十分清晰的写作理念和创作理想。同时，他尝试创作不同题材的作品，每一首都有自己的创新，作品洋溢着一个青年人的朝气和自由的幻想。并且，兰波最令人敬佩的品质就是不重复自己。我们看到这段时间他的佳作众多，比如《孤儿的新年礼物》，较好地把叙事和抒情做了融合，将孩子们的凄苦之美写得令人心伤。其中有一句令我印象深刻，兰波写道：“——母亲的梦，是一床温热的羊绒。”单就这个比喻，就比那些浪漫主义童话诗歌要高级。

《太阳与肉身》作于 1870 年 5 月。此时正处于普法战争期间，现实生活让兰波不再相信上帝的力量，他在很小的时候曾写出“杀死上帝”的狂言，此时的兰波对要不要依靠上帝这个问题思考得更为深刻。这是一首对人本身力量的赞美诗。兰波看到，当众神陨落，人就是上帝。他在诗中写道：“——人就是上帝！爱情则是伟大的信仰。”兰波要比尼采更早地提出“上帝之死”（尼采在 1883 年、1884 年 1 月出版写作《查拉图斯特拉如是说》中集中阐述过这一问题）。在这首诗中，表现了兰波对人性、爱情和理想的崇尚，正如他在诗中写道：

在伟大的时日，他已倦于打碎偶像。
摆脱了诸神，他重新复活。
因为他属于天空，他将探索苍穹！
理想，不可战胜的永恒的思想，
一切存活的神灵，都将在其肉身中，
在额头下面燃烧，上升，上升！

——《兰波作品全集》，王以培译

如果说《太阳与肉身》是一部有深度哲思作品的话，那么《奥菲利娅》就是一首高洁的爱情赞美诗。

> 黑暗沉寂的波浪上安睡着群星，
> 洁白的奥菲利娅像一朵盛大的百合随风飘动；
> 枕着长长的纱巾，缓缓地漂着……
> 远处的森林里传来猎人的号声。
>
> ——兰波《奥菲利娅》，王以培译

这是怎样神奇的一幅图景，它融合了天地最柔美的气息，安详、静默，以一种近乎天使降临的无声之爱令人激动神往。人们过分传诵他后来和魏尔伦之间的那份爱恋，却忽视了在认识魏尔伦之前，兰波内心对爱情的崇高向往。当然，兰波也在这首诗里写出了他自己内在的矛盾。他写道：

> 因为那疯狂的大海发出嘶哑的喘息，
> 撕裂了你那过于柔弱的孩童之心；
> 因为四月的一天清晨，一位英俊苍白的骑士，
> 一个可怜的疯子，默坐在你的膝下！
> 苍天！爱情！自由！这是怎样的幻梦啊，可怜的痴心人！
> 你融于他就像雪融与火：
> 你伟大的幻梦窒息了你的言语，

——而可怕的无限又使你的蓝眼睛惊慌失措！

——兰波《奥菲利娅》，王以培译

除此以外，兰波也写了具有深刻批判意识的《吊死鬼舞会》《惩罚达尔杜夫》等作品，也有为工人阶级革命写的《铁匠》（1871）。《铁匠》是一首呼唤革命的诗歌。在巴黎公社巷战期间，兰波曾把自己的写作看作是“工人的工作”，《铁匠》就是他工作的产品，一首和穷苦人“通灵”的作品。兰波在诗中真诚地写道：

噢！人民已不再是娼妓。我们齐心协力，

向前三步，就将巴士底狱踩得粉碎。

……

噢！锤炼那光辉的世界，再没有痛苦……

——兰波《铁匠》，王以培译

也有自传性的《传奇故事》和《七岁的诗人》。在《传奇故事》中，兰波直言：“十七岁的年龄，什么都不在乎。”这一句足以作为他行为放浪的依据。而《七岁的诗人》写出了兰波童年在母亲严苛管教下过着恐惧、撒谎生活的记忆，也道出了他反抗家庭、叛逆出走的过程和原因。《深谷沉睡者》是一首对普法战争牺牲将士的缅怀之作，体现了兰波的正义感和英雄情结。《教堂里的穷人》以讽刺的手法，写出了在上帝的怀抱里，穷困病苦、饥寒交迫人群的现状，揭示了教会的伪善。

这一阶段，兰波的经典之作当属《元音》《与诗人谈花》《醉舟》。

其中《元音》通过赋予字母（声音）以色彩，形成一种全新的语言体系。这种被赋予全新色彩的语言不同于以往的语言，在词根的基础上建立逻辑的衍生语句，这些语言是通灵下的语言，它不靠赋义构筑自己的语言结构，而是靠通灵下的感觉呈现不可说之物。这是兰波的雄心，他要创造一种全新的语言。兰波在1871年5月15日给好友保罗·德莫尼的信中说："所以，诗人是窃火者。他背负着全人类，甚至包括动物；他必须让人感觉到、触摸到、听到他的创造；如果那是他从彼岸带回来的，有形式，就赋予形式；如果是不定形的，就出以不定形。还要找到一种语言。"（《地狱一季》，王道乾译）兰波意识到语言在诗歌表现上的重要地位。如果说象征主义在波德莱尔那里还局限于审美对象和审美观念改变的话，那么，在兰波这里已经上升到语言方式的改变。《元音》便是这一改变的经典之作。

《与诗人谈花》是一首堪称绝妙的诗。兰波通过谈花呈现人不同的面孔。他或赞美、或讽刺、或嘲弄、或质问、或训导，仿佛行花令，每一次说出的花都超出我们对花的认知。出其不意的语言看似胡言乱语，实则出自诗人独有的语言天赋。这首诗让所有写花的诗都相形见绌，不仅在法语诗歌中，在世界诗歌中都堪称一绝。语言在兰波的笔下犹如旋转的万花筒，将一个又一个奇迹展现在我们面前。这是一座名副其实的语言圣殿，抑或充满神奇世界的迷宫。他让我们见识了语言的创造力和潜藏其中的无限秘密。诗人之间若要比一比谁的才华更高，不妨参照兰波写一首

《与诗人谈花》。仅凭这首诗，兰波就当之无愧地在世界诗坛成为前无古人、后无来者之人。

《醉舟》是兰波的代表作，是他精神和艺术的独白。从艺术价值上看，《醉舟》不如《与诗人谈花》成就更高。《醉舟》还有诗人自己的影子，而《与诗人谈花》则凭空切入，随机道来，仿佛天成。不过，《醉舟》是了解兰波精神取向和写作志向的经典作品。这首诗兰波以独立自由者身份出现，声称“纤夫已不再控制我的航向”。“纤夫”象征着曾经控制过兰波的人。对他控制最多的无非是两个人，一个是母亲，一个是上帝，当然，也包括文学传统和经典。兰波说不再受“纤夫”的控制，意味着他自己已经找到生命的方向和动力。这种动力就是在进入现实世界的海洋中，他要以“人”的力量主宰自己。虽表面看兰波自比醉舟，随波逐流，实际上，兰波时刻保持着清醒，并且拥有自己的目标和判断。驶入黑暗的、漂着浮尸的海上，兰波的目的是“领受那壮丽的混沌”并“进入大海守夜”准备“接受风暴的洗礼”。这潜藏着兰波在死亡和陈腐的世界获得新生的愿望和勇气。

从此我漂进了如诗的海面，
静静吮吸着群星的乳汁，
吞噬绿色地平线；惨白而疯狂的浪尖，
偶尔会漂来一具沉思的浮尸

——兰波《醉舟》，王以培译

兰波少年气盛，在写《醉舟》时，他的诗歌才华还没有得到普遍认同。兰波渴望建立自己的诗歌地位，渴望进入巴黎文学圈子，但此时他还是一个外省诗人。他展现自身强大的方式是靠幻想实现的。此时的兰波还生活在家乡，17 岁的他还没有真正接受生活的考验。他的自由意志也只是理想化的。兰波把自己独自置于海上，展现的并不是他挑战自然的意愿和勇气，而是他挑战法国诗歌传统的雄心和魄力。此前，兰波读了大量的书（很多人认为兰波是个读书不多的诗人，实际上，兰波的阅读非常广泛），包括古希腊哲学、古希腊以来不同时期重要的文学经典、东方神秘思想作品、当代艺术家们的作品等。他的书主要来自两方面，一方面是夏尔维尔市立图书馆，一方面是他高中的修辞老师乔治·伊藏巴尔。兰波读书非常快，领悟力又超强。从这两个地方，兰波不仅了解到了法国文学发展历史，也了解到浪漫主义以来文学发生的各种流派和思潮。特别是他从乔治·伊藏巴尔那里读到了波德莱尔、魏尔伦等先锋诗人的作品。他称波德莱尔是“真正的上帝”，称魏尔伦是一位“真正的诗人”。兰波不单纯是一个依靠天才写作的诗人，他在 1871 年之前，就为自己施展更大的诗歌抱负做足了阅读储备和理论准备。这表现为兰波对法国文学史拥有自己独特而深邃的审美判断，并基于这样的判断，提出了他全新的诗歌创作主张，即“通灵者”写作。兰波明确提出：“我要努力使我成为通灵者。”（勒内·夏尔说兰波是在不自觉中成为艺术家的。这与兰波的写作成长事实完全不符。）

他在 1871 年 5 月 15 日《给保罗·德莫尼的信》中悉数列举了历代文学的特点和不足，并展示出了自己鲜明的艺术主张。他说："古代的诗发展到希腊诗已告完成，即和谐生活的时代。——从希腊发展到浪漫主义运动，——中世纪，内有文人之作，也有蹩脚诗家的作品。从恩尼乌斯到泰罗尔图斯，从泰罗尔图斯到卡齐米尔·德拉维捏，他们的诗作无非是押韵的散文，一种文字游戏，是许多世代以来蠢材萎靡不振的表现及其应得的荣誉：其中拉辛可是完美的，强有力的，伟大的。——据说有人曾对他的诗韵提出建议，对他诗句中间停顿处理作过修改，这位神圣的蠢货直至今日仍然不知其事，就像最早的《起源》的作者一样。——拉辛之后，这种文字游戏已无人过问。这种文字游戏整整延续了两千年。"（《地狱一季·给保罗·德莫尼的信》，花城出版社，王道乾译）

兰波对法国两千年的文学史用一场"文字游戏"概括了，并把拉辛看作是"伟大的蠢材"，反映了兰波对法国传统文学或旧文学的蔑视和厌弃，展现了他欲开创一个新文学时代的勇气和决心。在文学艺术中，勇气并不是由态度决定的，勇气体现为一种眼界、鉴赏力、想象力和创造力。如果盲目地否定前人，那不是勇气，而是无知。兰波自认为看透了法国文学的陈腐，于是，他宣告："古代诗歌到希腊就已经完成。"兰波把这一阶段的诗歌特点定义为"和谐的时代"。"和谐"这个词在这里难免不带有一种讥讽的语气，言外之意，兰波崇尚的是一种与时代不和谐的艺术。所以，兰波把那些写出"和谐作品"的作家或诗人称为"萎靡不振的人"。

兰波不仅看到法国古代文学的局限，也看到浪漫主义的局限。他在给好友保罗·德莫尼的信中说："对于浪漫主义，一直没有做出应有的评价。谁来评价？批评家！由浪漫派吗？浪漫派已经证明歌往往算不上是作品。这就是说，那仅仅是歌者唱出自己理解的思想而已。”（引注同上）兰波虽口气狂妄，却也说中了浪漫主义的要害。一点不错，浪漫主义最致命的问题就是诗人是自我情感的演员。今天中国当代诗人中，害浪漫主义自恋病的诗人不在少数。兰波早在一百多年前对浪漫主义的决绝态度，值得我们好好学习和反思。

但也不是所有浪漫主义的诗人都不入兰波的法眼。他认为：“最早出现的浪漫派是不自觉的通灵者：他们心灵得到教养系出自偶然……拉马丁有时也可算作通灵者，但他被旧的形式扼杀了。——雨果，极为顽强，他最近几部作品并没有什么新意：《悲惨世界》是一首真正的诗。”（引注同上）

兰波运用“通灵者”这一审美标准，过滤掉文学史上泥沙之后，逐渐显现出了“黄金”。他在给保罗·德莫尼的信中谈到：“第二代浪漫派是通灵者：泰奥菲尔·戈蒂耶，勒贡特·德·利尔，泰奥多尔·德·邦维尔。但明察那不可见和谛听那不可闻，与复现已死去的事物精神完全不同，据此波德莱尔是第一位通灵者，诗人之王，一位真正的上帝。”（引注同上）了解兰波的艺术创作脉络如果不了解他对前辈诗人们的态度，就无法准确把握其审美取向。兰波此时气贯天地，才通古今，大有舍我其谁的诗歌领主气魄。尽管他认为波德莱尔是“诗人之王”，兰波也指出了波德莱尔的不足。他在给保罗·德莫尼的信中说：“不过，他（波德莱尔）曾经生活在过于艺术化的环境之中；所以，他采取的形式为世人所赞扬，但那种形式也不免偏狭平庸。表现不可知需要

创造力，这种创造力要求有新的形式。”（引注同上）

《醉舟》创作于兰波致保罗·德莫尼信之后。可以肯定《醉舟》代表着兰波关于通灵写作的全部理念。兰波把这种理念概括为：“这种语言，综合了芳香、音响、色彩，概括一切，可以把思想与思想连接起来，又引出思想，这种语言将使心灵与心灵呼应相同。诗人对不可知显现于普遍心灵适时地给予定量：诗人一定可以提供更多的东西——超越于他的思想模式，超过他走向进步的评价性记录！不正常状态转而成为正常状态，人人都可适应并纳于其中，它必是文明进步的乘数！”（《地狱一季·致保罗·德莫尼的信》，花城出版社，王道乾译）

兰波阐述了他理想的诗歌语言功能，“综合”这个词未必是兰波的本意，我以为这个词应为“贯通”。“综合”是混同的杂糅，感官彼此存在遮蔽或侵吞，造成感觉失真。而“贯通”则代表了各种感官的互通共用，其知觉系统因贯通而显示出全新功能。因此，通感不是感官的错位或混乱，而是官能的互通。由通感实现通灵才是兰波要达到的语言目的。通灵是兰波要实现自己创作一种全新诗歌的路径。这一路径通过实现语言功能的提升而抵达。

在兰波心里，实现通灵还不够，语言还必须具备触动激活一切的能力，还必须实现心灵与心灵的互通，由对物的觉知上升到精神上的觉知，从而使诗歌成为“灵性存在”。这种“灵性”不是宗教意义上的灵性，而是“不可知”。兰波对此补充说：“诗人一定可以提供更多的东西——超越于他的思想模式，超越他走向进步的评价性记录。”兰波这样说表明诗歌创新的根源在于诗人对世界的感知能力，其感知能力强弱的标志就是通灵。诗源于诗人通灵中抵达的语言再生。这样，兰波就清晰地廓清了自己和法国古代诗歌，以及浪漫主义的界限，甚至和波德莱尔的界限。

这种写作最初可能会让人们觉得不舒服。但这种不正常状态随着作品被传播，慢慢会变成正常状态，以至于成为经典。这种接受包括对美感知方式的接受（通灵）、语言的接受以及美学观念的接受。兰波认为这是诗人通过改造语言实现改造世界的路径。一旦实现了这一步，他（诗人）必是文明进步的乘数（推动者）。为此，兰波断言："诗在将来不再规范行为，诗将领先走在前面。"

《醉舟》正是在这样清晰的创作理念下完成的。"醉舟"意味着对一切传统规则和行为规范的颠覆，对一切艺术理念和经典作品的蔑视，对一切价值和评价体系的捣毁。他沿着完全独立自由的航线，感知那充满恐惧死亡和星辉霞光的人生海洋。这期间融合了他对诗歌创作的梦想、对离开家乡进入巴黎中心的渴望、对巴黎公社起义失败的沮丧、对陈腐生活的厌恶，以及对社会担负义务的责任感等。兰波正是带着这部作品作为见面礼去面见魏尔伦的，并迅速引起巴黎艺术界的轰动。

3. 兰波的青春期写作特点

谈到兰波，我们绕不开青春期写作这个问题。兰波的早慧以及展现出的独特才华让我们重新审视"青春期写作"的意义和重要性。在认识魏尔伦之前，兰波怀着强烈的文学梦想，渴望到法国的文化中心巴黎展示自己的才华。为此，他多次离家出走前往巴黎。他经历了普法战争和巴黎巷战。这两个事件对他当时的写作产生过一定影响。如果说兰波对法国文学的洞察力展示出其天才一面的话，那么，多次离家出走则带有鲜明的青春期叛逆特征。青春期是上天赐予一个青少年成王的机会。它遵从的是丛林法则，它蕴含的是再造世界的勇气和可能。人之一生，在选择上最充满热情与豪气、最不惧权威和规则、最义无反顾的生命阶段就在青春期阶段。天才的诗人其创作高峰一定出现在青春期阶段。

青春期的兰波毫无疑问具备以上所谈的各种特点。热情、执着、我行我素、蔑视一切传统和规则、充满奇想、自信甚至狂妄。在认识魏尔伦之前，兰波的创作理念清晰而成熟。他在写作态度、语言方式、行为方式、韵律等方面都有认真的思考和准备。这些准备使兰波明显有别于那些仅靠“愤怒”或“冲动” 等肤浅的青春期写作者。反过来也可以说，兰波是青春期写作最成功的诗人之一。

从兰波 1871 年 5 月从巴黎写给他的中学老师信中可以看出，兰波艺术思想初期形成的脉络。受他的修辞老师影响，他接受了“人对社会是负有义务的”这一观念。基于这一思想，兰波对参与巴黎巷战充满战斗激情。1871 年 2 月 25 日，兰波再次出走前往巴黎，曾参加巴黎公社起义军，甚至还起草一份《共产主义政体计划》。这时兰波身上的叛逆精神还是英雄气质的，带有改造推动社会进步的积极意义。其动机和行为是符合传统价值观高尚定义的。在法国，很长时间内人们习惯把兰波看成是一个坏孩子，一个迷恋幻想、亵渎神明的人，从道德和宗教上排斥他，把他最后的孤独和病痛看作是上帝对他的惩罚。其实，他们忽略了兰波身上拥有的进步意识和批判思想。至少在认识魏尔伦之前，兰波是一个有社会责任感的人。尽管他声称自己是一个“犬儒主义者”，走的是和老师“坦途正道”截然不同之路，但他认同自己应该对社会负有义务。他在信中说：“我对社会负有义务，这是公正的。”（《地狱一季·致乔治·伊藏巴尔的书信》，花城出版社，王道乾译）

在创作上，兰波相对于乔治·伊藏巴尔主张“主观的诗”，自己明确选择了写“客观的诗”。在区分主观诗和客观诗上，兰波提出了自己的理论，即：“我是一个他人！”在兰波看来，主观诗把表达自己内心情感和感受作为创作的原动力，这种论调是陈词滥调。兰波的客观诗要运用自己的感知能力写身外的人和物。对此，兰波说：“我将是一个辛勤的工人：当疯狂的愤怒将我推向巴黎的战斗，也正是这样的思想在吸引我，——可是，我提笔给您写信之时，有多少工人在巴黎战死！现在，工作，不行，不干；我罢工了。”（引注同上）兰波把写作视为“工人”的“工作”，这是他最初对“客观诗”的构想。但客观作为对写作“真实与真诚”的尊奉，如何把一种写作理念、写作态度转变成作品还有很大的距离。兰波是真诚的，他知道不能仅仅用笔写出“战死的工人”，那还不算客观，他必须和他们一起战斗，同生共死才算是真正的“客观诗”。所以，兰波停笔罢工，投身到起义军的行列。随着起义失败，兰波也很快离开巴黎。兰波发现自己“我是一个他人”的理念必须通过一种有效的方式来实现。这个有效的方式就是“通灵”。兰波曾在1870年普法战争期间，在他家乡的市立图书馆里阅读了大量基督教以及东方神秘主义作品。通灵这一概念无论在基督教，还是佛教、婆罗门教中都有体现。基督教有三位一体之说，佛教有一切唯心造、十法界不离一念心之说，婆罗门教有六神通之说。尽管兰波提出的通灵最后明确为不是一个宗教意义上的概念，但是，在兰波那里，这个词的固有语境是他实现“我是一个他人”的基础。

兰波强调：“我是一个他人！”这句话并非兰波独创，而是受启于波德莱尔。波德莱尔曾在《人工天堂》中讲到人在普通的生命自身消失，并融合于其中；在某种沉醉状态下，“观照外在对象使我们忘却自身的存在”（转引自《地狱一季》第62页，王道乾译）。兰波通过忘我地观照外在对象让自己的写作有别于浪漫主义的主观诗，也有别于一切传统的“文字游戏”。兰波用“铜发觉自身是铜管号”来暗示自身潜藏的创造力和天赋。如他所说：“我参与我的思想的诞生展现：我看到它，我听到它，我举起琴弓触动琴弦：和音交响于是在各不同深度上形成它的震颤，或一跃而展现于外。”（《地狱一季·致保罗·德莫尼的信》，花城出版社，王道乾译）兰波在这里阐述了自己创作的美学效果以及在感受美方面与传统的不同。这种艺术审美在波德莱尔那里叫“感应说”，在兰波这里叫“通灵者”。兰波相信凭借“通灵者”，他可以摆脱古希腊以来，从哲学到宗教诗歌对传统文化的依附。兰波真正的意图是不靠神和超自然的力量，而仅仅靠生命的本能觉知力来呈现这个世界不可说的部分。

兰波在给保罗·德莫尼的信中谈道：“我说：必须成为通灵者，必须使自己成为通灵者。”什么才是通灵者写作？兰波接着在信中谈道：“诗人通过长期、广泛和经过推理思考过程，打乱所有的感觉意识，使自己成为通灵者。包括一切形式的爱、痛苦、疯狂；

他亲自去寻找自身，他在他自身排尽一切毒素，以求保留精髓。在不要言喻的痛苦折磨下，他要保持全部信念，全部超越于人的力量，他要成为一切人之中伟大的病人，伟大的罪人，伟大的被诅咒的人，——无比崇高的博学的科学家！——因为他要深入到不可知！他培育他的心灵，使之丰满富足，比任何人都丰满富足！他进入不可知的境界，这时，他在迷狂状态下，失去对他所见景象的理解力，真正有所见，真正看到他的幻象！就让他在这闻所未闻、无可言状的事物中翻腾跳踉以致死去：另一类可怕的工人将要到来；他们将从这个人沉陷消亡的地平线上开始起步！"(《地狱一季·致保罗·德莫尼的信》，花城出版社，王道乾译）

这一段信是了解并解开兰波通灵者诗歌艺术思想的密钥，也是兰波美学思想的精髓。首先，我们看到兰波与现实主义、浪漫主义以现实和自然为创作题材，以模仿和抒情为表现手段，以表达理性和爱为主题的创作完全不同。他不依靠经验和理性判断，他认为这样的创作都是过去"老混蛋"们常用的方法。他也不依靠哲学、宗教为背景，在固有的文化体系中"寄生或苟活"，而是要打破这些条条框框，让自己成为"伟大的病人、伟大的罪人、伟大的被诅咒的人"。兰波信赖的通灵是超出了一切常人和常规而拥有的全新觉知能力，它既是本能的，又是超验的。它真实源于本能，它独特源于超验。兰波认为新诗的生命就是要触及到全新的生命领域，探寻生命的秘密和不可知的世界。这个秘密的、不可知的世界包括未触及的一切爱的形式和伦理（同性恋）、痛苦（吸毒和醉酒）以及疯狂的生活（流浪）等等。兰波对过去建立的一切关于人与社会的正确理念均持怀疑和诋毁态度，他对人性的探秘其实是靠摧毁道德、伦理、经验和宗教教义来实现的，把一种常人认为是病态的、罪恶的和被诅咒的人当作人的典范来追求，并将其上升到审美对象和美学标准。这一理念沿用了波德莱尔《恶之花》的理念，但相比波德莱尔，兰波的最终目的不是“对抗”社会，而是“自我纯化”。如他所说：“他在他自身排尽一切毒素，以求保留精髓。”这里的纯化与其说是人性的，不如说是艺术的。兰波不仅要排除一切“陈腐的毒素”，还要依据通灵构建一种全新的新客观诗歌。在认知方面，兰波把打乱感觉意识获得的觉知力视为最真实的感受，即接近于存在本真的客体，它（通灵）甚至是“唯物的”。从创作的路径和审美路径来看，兰波把波德莱尔单一的“感应”说，发展至感官互通觉知事物真相的高度来看待，并且这一觉知到的世界是不可以推理验证的，因为它呈现的不是可知世界，而是不可知世界。

兰波此刻的思路非常清晰。他要重新建立一种诗歌秩序，这种诗歌秩序最高的目标就是为这个世界发现并培育“伟大的病人、伟大的罪人、伟大的被诅咒的人”。兰波甚至看到了自己孤独行走抵达的“遥远地平线”，这一地平线召唤后来者们努力前往。

兰波在梳理清楚理论支撑后，对自己下一步写作和行为方式的展开也做了周密清晰的规划。他说：“现在，我要尽最大可能使自己狂放无忌。为什么？我要做一个诗人，并且努力使我成为通灵者：您根本不会理解，我几乎无法对您解释明白。此事涉及如何打乱一切感觉意识，以达到不可知。这样的痛苦是骇人听闻的，但必须做一个强者，必须是天生的诗人，我认为我是诗人。这决不是我的错误。说我在思考，那是假的。应该说：人们在思

考我。”（《致乔治·伊藏巴尔的信》，王道乾译）

兰波为什么选择“最大可能使自己狂放不羁”？这是因为，在兰波看来，因为诗人通灵，他了知每个心灵，乃至每一事物的秘密，不管这些人内心藏着撒旦，还是上帝。只有狂放不羁，才能超出常规和习惯，获得全新的发现。这是兰波整个诗歌创作的核心主导思想，即通过行为的狂放不羁获得超验体验，写出不为人知的诗歌。在这里，“狂放不羁”成为前写作，是写作的一部分，是语言的生发基础。这也是兰波后来认识魏尔伦后，行为不循常理的内在动因。

4. 兰波的中期写作

尽管兰波满怀自信和雄心，却无法进入巴黎核心文化圈。他要展示出自己的才华，必须在巴黎诗人社交圈里找到一位有影响力的人。于是，1871 年 9 月，兰波主动给魏尔伦写信，并寄上自己的诗歌，以求获得魏尔伦的赏识。与魏尔伦的接触，开启了兰波写作的第二阶段。与第一个阶段不同的是，第一，兰波的生活环境和方式发生了改变，来到了梦寐以求的巴黎，进入到巴黎当时最有名的文学沙龙，与所谓的大师们交流。在魏尔伦的带领下，兰波频频出没一些社交场所。交往并没有让兰波获得多大益处，相反，他了解了所谓巴黎上流社会，以及文人圈子生活的平庸和浮华，这进一步助长了他的自信和狂傲。他和魏尔伦常常在酒吧里指名道姓地批评巴黎有名望的文人，不把任何人放在眼里。第二，兰波的精神取向更突出地集中到对撒旦的追求上。这始自波德莱尔的精神追求，经过魏尔伦传递给了兰波，他成了一个名副其实的“浪荡子”。甚至，在“浪荡”方面比他的两位前辈都要更无所顾忌。这时，兰波表现出了一个成年男人的力量，他开始饮酒，并公开与魏尔伦同居，以当时巴黎上层社会无法接受的生活方式同出同进，携手流浪，形影不离，常常身无分文露宿街头，也常常喝得酩酊大醉。这时的兰波不单纯用他的才华征服人们，他用行为给人们的信仰和生活带来巨大的冲击和震动。

在法国，波德莱尔是第一个提出要做一名“浪荡子”的诗人。波德莱尔认为“做一名有用的人是某种丑恶的东西”。相对“有用”，“浪荡”一词意味着“追求崇高”。在波德莱尔看来，浪荡意味着高贵、文雅、不同流俗，既有面对痛苦而不动声色的英雄气概，又有忍受尘世的苦难而赎罪的宗教色彩。魏尔伦是波德莱尔思想忠诚的继承者。他曾参加波德莱尔的葬礼，并决心弘扬波德莱尔的艺术精神。一度他过着浪荡的生活，但他并没有做出多少出格的事，只是表现为内心的“忧郁”。1867 年，魏尔伦爱上了诗人朋友莫泰·德·弗尔维乐的女儿马蒂尔特小姐，并与之结婚。这时的魏尔伦完全沉浸在世俗生活的幸福之中。见到兰波后，魏尔伦大受震撼。特别是兰波超人的才华和无视一切规则的气质令他深深地迷恋。他又重新唤醒做一名“浪荡子”的渴求。两个孤独的人终于有了同道者，他们彼此强化了对方做一名“浪荡子”的决心和信念。在巴黎他们很快成为“不受欢迎”的人，于是，他们到欧洲其他的地方流浪，直到布鲁塞尔枪击案后两个人彻底分手。在法国象征主义发展史上，波德莱尔提出的“浪荡子”艺术思想到兰波体现得最为纯粹和彻底，也只是到兰波达到巅峰，之后，这一思想便迅速分化式微。马拉美转向了书斋式的唯美主义，瓦雷里转向了沉思默想，布勒东转向了意识的癫狂和混乱。兰波就这样成为一个“向恶而行”的先行者，一个被钉在高加索山上的“盗火者”。

考察兰波 1871 年 9 月至 1873 年 7 月期间的写作，我们发现兰波创作的作品很有限。较有分量的诗歌有《渴的戏剧》《耐心的节日》。不仅数量少得惊人，质量也不如此前的作品。这段时间，无论如何，兰波的注意力都不在语言上，他天才的想象力被过度的酒精和大麻所迷醉，他不再是一个醒着的诗人，而是一个沉迷于放浪、狂野、迷失的醉汉。这样的生活也并不是兰波真正想要的。不过，这一段时间的经历也让兰波认识到什么是人间，什么是地狱。一向不善自我反省的兰波经过这一段经历后豁然明白，于是他选择了告别：和魏尔伦告别，和一种混乱的生活告别。为了这一告别，兰波写出了散文诗剧《地狱一季》。仿佛，前面所作所为都是为了写出这部作品积累素材，兰波再一次证明自己仍是一个王者。

关于《地狱一季》

《地狱一季》写于 1873 年 4 月至 8 月。这是兰波以自己生活为蓝本，探讨人类如何摆脱痛苦，走向自由解脱的一部散文诗剧。有学者过分纠结这部作品是在布鲁塞尔枪击事件之前还是之后这一写作时间划分问题，其实，对这一问题的考究没有实质性意义。兰波是一个不愿意受任何人控制的人，他和魏尔伦在一起的生活并不总是让他开心。当他发现魏尔伦深深地爱上自己后，他就开始萌生逃离的念头。只是，魏尔伦常常用负担他的生活作为要挟，阻止了他的离去。实际上，他们之间有过短暂的蜜月之后，就开始争吵。兰波与魏尔伦的爱情一半因为欲望，一半因为获取通灵的感觉。但魏尔伦对兰波的爱情最后演变成只有爱情。魏尔伦是一个貌似狂野，实则软弱的人。当他发现兰波决意离开自己的时候，精神处在崩溃状态，以至于购买枪支，要和妻子岳父一家做个了断，而误伤了兰波。魏尔伦认为自己把一切都给了兰波，兰波不该如此无情。但兰波却发现魏尔伦的才华远不如他，同时兰波从没有打算过一种幸福安详的生活。他所做的一切都是贯彻他的写作意图——让自己尽可能放荡不羁。由此看来，发不发生布鲁塞尔枪击事件，兰波都将离开魏尔伦，回到写作之中。《地狱一季》难说不是他早就预谋构思好的。当他完成生命体验之后，他便要动笔。

《地狱一季》在语言上用的是散文诗体。这种写作始于波德莱尔《巴黎的忧郁》。深深敬重波德莱尔的兰波也采取了这一语言方式来写他另一部重要的作品。从形式上看，《地狱一季》与《巴黎的忧郁》差不多，摆脱了诗歌韵律的限制，语言更为自如，承载的内容也更加丰富。但仔细分析内部结构却有很大差别。《巴黎的忧郁》是并列合集结构，篇与篇之间不存在内在的联系。但《地狱一季》是一部戏剧结构，内部篇章之间有着呼应、变化、冲突的逻辑关系。考察分析《地狱一季》，我们发现此刻的兰波要比早期的兰波更为深刻、成熟。有人把《地狱一季》看作是兰波的“忏悔录”，这样想就世俗地理解兰波了。《地狱一季》是他实现自己写作理想“诗歌领先走在前头”和“诗的语言是文明进步的乘数”的具体体现。

《地狱一季》的戏剧式结构有两条线，一条线是因作恶多端而被罚下地狱之人的内心独白和回忆，这条线构成全篇的叙述结构。这条线也是明线。表面上看，全篇所述内容无不和兰波自身生活经历有关。仅从这条线来看，《地狱一季》是兰波另一部自传。但仅仅基于此理解兰波的写作就太狭隘了。此刻的兰波，还没有放弃他要“创造一种全新诗歌”的梦想。还有一条线藏而不露，堪称全篇的灵魂，就是兰波对他全新诗歌理念与精神的全面呈现。兰波借助戏剧性的结构，借助事件，更深入地展现了一种全新诗歌的风貌。回忆和总结式的口吻说明兰波在写作这部作品时对自己抵达的高度和边界是足够自信的。他确信自己不仅在语言上是独行者，在行为上也是独行者。因为没有人能跟得上他的脚步（包括魏尔伦），他对来自身边的一切毁誉都不屑一顾。正如他期望的那样，他的诗已经远远地领先走在了时代的前头。

很多人认为《地狱一季》是兰波忏悔自己，归向上帝之作。这是对《地狱一季》极大的误解。正如法国评论家马尔加莱特·达维斯在《兰波的〈地狱一季〉》中所说的那样：“在兰波的全部作品中，《地狱一季》最让人联想到作者的生平。这本诗集经常被误解为一串自发的呼号，一团松散的混乱。事实上，这是一部非常成熟的作品，结构严谨，自成一体。”

兰波写《地狱一季》并不是仅仅写自己的经历，而是在探索现代人走出种种困境之路。马尔加莱特·达维斯对此看得很准，他在文章中评论道："正如书名所示，这本诗集的内容以'地狱'一词为核心展开。诗人讲述一个人如何从自身地狱中奋力挣脱出来，以及全体现代人如何从受'地狱'观念制约的旧世界中奋力挣脱出来。当诗人在结尾处宣称他已胜利在握，宣称他必须成为一个彻底的现代人时，他代表的不只是自己，而且是整个现代社会。像一个季节般告终的正是基督教本身以及与其相关的惩罚人的地狱。简言之，诗集描述的轨迹既是个人的精神拼搏，又是西方社会为摆脱基督教的历史重压，为建立新的信仰和新的道德价值观而进行的斗争。"（《兰波的〈地狱一季〉》，［法］马尔加莱特·达维斯著，秦海鹰译）

关于《序诗》

序诗是完成主体部分之后补写的，可以看作是兰波对《地狱一季》全篇写作思想根源的概括和导引。从结构上来看《序诗》是兰波向恶行而发出的与基督教作战宣言。

在序诗里，兰波首先回忆自己的生活（这里的生活是指他的写作生活）。"曾经是一场盛大饮宴，筵席上所有的心都自行敞开，醇酒涌流不尽。"这一句是兰波对自己见到魏尔伦之前写作的评价，兰波肯定自己两点，一点是写作具备了丰富性，甚至无所不能。"盛大的饮宴"象征着兰波在诗歌上自由而完美的创作。另一点是写作心境的单纯和敞开。兰波要做一个天性诗人，这种天性诗人的标志就是"心的自行敞开"。但是作为早期的诗歌，还或多或少保留着传统"美"的影响。于是，兰波用审美的目光来审视自己的生活。他发现曾令他心满意足的“美”“苦涩惨淡”。这让兰波决意远离这一切。为什么远离这一切？因为兰波看到自己身上还有“庸俗”的影子。这些“庸俗”或“传统”的影子不符合他“做一位天性诗人”的标准，不符合他要创作一种“全新诗歌”的标准。兰波对于诗人纯粹性的追求让他不仅仅在审美上说出“惊世骇俗”之言，还要在行动上有“惊世骇俗”之举。于是，兰波开始行动了。用行动写作是兰波认识魏尔伦之后写作的突出特点，也是区别于早期依靠通灵写作的主要标志。兰波逆正道而行，彻底把自己引导到常人恐惧又厌恶的“罪恶”之路。他要亲身经历地狱之苦，以一个人的身心，颠覆基督教的“原罪”理论，探求属于人的真实希望和出路。兰波是以“盗火者”身份开始这样探险的，而不是一个“顽劣少年”的鲁莽和无知行为。对此，兰波做好了一切受苦受难的准备。他说：“我把自己武装起来，反对正义。……我把人类全部希望在我思想里活活闷死。像猛兽扑食，我在狂喜中把它狠狠勒死。”（《地狱一季·序诗》，王道乾译，花城出版社，1991 年版）兰波以猛士之志，摒弃人类的全部希望，无非是要替人类探测地狱的深度，无非是要破解人类自己编造的地狱恐惧之谜。就此而言，兰波在这里要挑战的不仅仅是一般意义上的“庸俗”，而是基督教的教义和古希腊柏拉图的哲学。

柏拉图思想的核心是理性。中世纪基督教改革者奥古斯丁在《上帝之城》一书中提出了“上帝之城”的永恒性和“地上之城”的暂时性。他断言“地上之城”只有服从和服务于基督教才能成为“上帝之城”。为了说服信众，奥古斯丁认为理性不能没有信仰，哲学离开神学也就不再是真正的哲学，而真正的哲学就是基督教教义。他说：“真正的哲学是爱上帝的人。”对于这种基督教和哲学混同的现象，马克思指出：“说基督教里有柏拉图的成分，比说柏拉图那里有基督教的成分要正确得多。”（《马克思、恩格斯全集》第20卷，人民出版社，1959年版，第526页）

理性和基督教义都旨在将人的行为导向“正道”。在兰波看来，这种认识恰恰束缚了人性的活力。对此，兰波声言：“诗在将来不再规范行动，诗将领先走在前面。”因为有如此的自信，兰波才不畏惧被基督教描绘成恐惧之至的“地狱”，才大声地说：“我叫来刽子手，我在垂死之间，用牙咬碎他们的枪托。我召来种种灾祸，我在黄沙血水中窒息而死。灾难本来就是我的神祇。”（《地狱一季·序诗》，王道乾译，花城出版社，1991年版）

“可是春天却给我带来白痴的可憎的笑声。”

“白痴的可憎的笑声”，表明当时兰波的创作抱负遭受到的轻蔑和嘲弄。就是今天，我们也还没有真正理解兰波。或者说，兰波提出的诗歌写作问题，至今我们也没有解决。海德格尔曾对兰波诗歌的超前性写过文章，他对此发出一连串的疑问。他说：“这个‘超前’要纯粹从时间上来理解吗？诗歌的语言，应在先行的告示中，成为预言，预见到来之物，但仍然作为诗歌，依节奏而言说吗？或者，这个‘超前’，并不包含任何时间性的关系？当他说‘应当超前’时，兰波在人的一切所作所为之前，把优先性赋予了诗歌吗？……”（《海德格尔：兰波未死，“诗歌将不再与行动同步”》，来自微信平台，白轻译）

对兰波来说，或许并没有像海德格尔思考得如此缜密。兰波部分的想法可能出于他自己所说的“疯狂的花招”。接下来兰波说道："最近我发现我几乎又要弄出最后一次走调！"有评论者把这最后一次走调和布鲁塞尔枪击事件相联系，其实，这是兰波走不和谐写作之路惯有的伎俩。"走调"象征着偏离正道。这种偏离包括对外偏离和对内偏离。对外偏离表现的是逆反常理，对内偏离表现的是逆反自己。这里所说的"走调"指的是逆反自己。本来他已经告别了昔日盛宴，却心血来潮突然要找回开启那把盛宴的钥匙。兰波真的想重回自己当初纯粹率真的生活吗？答案是否定的。兰波不过是通过这样一个戏剧化的情节，进一步表明自己"向恶而行"的决心。他通过魔鬼之口告诫自己："你还是做你的豺狼去，以及其他等等……""带着你的贪欲，你的利己主义，带着你所有的大罪，去死。"（《地狱一季·序诗》，王道乾译，花城出版社，1991 版）

在序诗的最后一段，兰波称自己得到的太多了，这些所得都是拜"恶"所赐。为此，他称撒旦为"亲爱的"。他如此信赖和亲近撒旦，让我想到兰波的前辈波德莱尔。波德莱尔希望人类摆脱基督教"原罪"束缚，回到"原罪"以前的状态，即回到失去的乐园中。他认为诗人要摆脱现实的苦难和罪恶，重新回到上帝的怀抱，再做"青天之王""云中之君"。波德莱尔希望通过亲近撒旦，做一个"浪荡子"来实现自己不同凡俗的目的。他在《唱给撒旦的祷文·祷告》一诗中写道：

撒旦啊，我赞美你，光荣归于你，
你在地狱的深处，虽败志不易，

你暗中梦想着你为王的天外，
让我的灵魂有朝一日憩息在
智慧树下和你的身旁，那时候
树叶如新庙般荫蔽你的额头

——波德莱尔《恶之花》插图本，郭宏安译

兰波也是把《地狱一季》作为礼赞之诗献给了撒旦。只不过，兰波相对波德莱尔自负是智者故意显得卑怯（兰波认为波德莱尔在亲近撒旦方面是不纯粹的，因为他始终混迹于巴黎的文艺圈子。波德莱尔自己也承认自己不是一个天生的撒旦信徒。）兰波在此和自己崇拜的前辈表现出彼此鲜明的不同。他全然没有波德莱尔式的赞美和祈求，而是自谦地说："亲爱的撒旦，我请求你，不要怒目相视！稍等一下，卑怯随后就出现，你是喜欢作家缺乏描写才能或没有教育能力的，作为被打下地狱的人，这是我的手记，这几页极为可厌的纸头我撕下来送给你。"兰波所说的"缺乏描写才能或没有教育能力"用的都是反语。兰波没有像波德莱尔那样渴望死后不朽，是因为兰波更自信自己这一点。

关于《坏血统》

《坏血统》作为首幕剧，展开的是文化批判，是对法国文学的指控和揭露——野蛮、虚荣、粗俗、低能、偶像崇拜等。并以全景的方式呈现出法国当时新旧思想和势力之间的争斗，其间各种声音混杂（兰波偶尔现身，其间的我并不都是兰波自己，而是无数的他人），相互制约诋毁，兰波或许是受到了儒勒·米什莱思想影响，把法国的希望寄托于对传统的反思、清算和革命上。“如果我个人历史中也含有法兰西历史的某一点，那该有多好！”（《坏血统》）兰波用反讽的语气指出法兰西所谓高贵文化都是不值得一提的。特别是，当“法兰西的历史”成为“教会长女”的时候，法兰西文化与宗教之间的血缘关系已经不言自明。那个带有一身娇宠、矜持傲慢、高贵无比的“大小姐”在兰波眼里，正是“坏血统”的产物。

《坏血统》并不是探求精神抗争的时间问题，而是探寻高贵与卑贱、真诚与虚伪、信仰与自信的本源和基因问题。兰波从自我反叛出发探究这一精神在法兰西血统中的缺失。

“这块土地，还有基督教，我都没有忘记。除此之外也无从回忆。对于这样的过去，我频频回顾，永无止期。不过，永远是孤独一人。没有家；甚至，我讲的是何种语言，我也不知？基督的教示，我从来没有听取；领主的教训，我也不得而知。”（《地狱一季·坏血统》，王道乾译，花城出版社，1991 年）

这一段表达了兰波对法兰西传统的深度绝望，强调了“异教”的反叛精神是与生俱来的，是法兰西血液中固有的，是被遮蔽或抑制的力量。“孤独”表明，兰波（或反叛力量）的出现是一种难能可贵的现象和生机。兰波用历史的眼光看到这种精神的由来已久，这种精神存在于那些对“领主”权力向来不顺从的人身上。言外之意，坏血统坏在何处？在兰波看来，坏就坏在绝大多数人的“顺从”。那么，什么又是好的血统？兰波认为拥有独立个性，秉持天性的人才是真正的高贵。兰波说："不用异教的言语说话就不能明白解释自己，我宁可沉默无言。"（《地狱一季·坏血统》，王道乾译，花城出版社，1991 年）

"啊！科学！人们已经无所不知。"兰波以此佐证自己对基督教的否定是正确的。同样，兰波也视自己的叛逆为一种"进步"。他说："异教的血统又回来了。""圣灵近在咫尺。"这里的圣灵主要指反基督教的科学精神以及其他思想。兰波相信随之而来的世界将不再是靠上帝传送"福音"的时代，人们依靠科学和自我的力量获得"福音"。

"这就是数的图景意识。"既然兰波不认同基督教世界，也不认同"领主"世界，那么，他理想的世界是什么？这个世界就是"数的图景"世界。兰波早在 1871 年 5 月致保罗·德莫尼的信中曾谈道："您看，这样的未来肯定是唯物主义的。这种诗充满着'数'与'和谐'。这些诗写出来就是为了传之于后世。——实质上，这仍然有些近于希腊'诗'。"（《地狱一季》，王道乾译，花城出版社，1991 年）

兰波说的唯物主义不是哲学上的唯物主义，是诗歌语言不是主观或形而上的语言。兰波说的"数"与"和谐"来自古希腊毕达哥拉斯学派。毕达哥拉斯认为宇宙存在许多但有限个世界，他发现了黄金分割法和音律，这两个发现让他相信世界存在的最理想状态就是"和谐"。毕达哥拉斯学派用"数"解释世界。他们认为"1"代表万物之母和智慧；"2"代表了对立和否定；"3"代表万物形体和形式；"4"代表正义，以及宇宙创造者；"5"代表雄性和雌性的结合，或婚姻；"6"代表灵魂；"7"代表机会；

“8”代表和谐，以及爱情和友谊；“9”代表理性和强大；“10”代表完美。

毕达哥拉斯学派通过对数的研究，建立了宇宙的概念和关系模型，数量和形状决定一切自然物体形式。数不但有量的多少，也有几何形状。在这个意义上，他们把数理解为自然物体的形式和形象，是一切事物的总根源。因为有了数，才有几何上的点、线、面和立体，有了立体才有火、气、水、土这四种元素，从而构成万物。所以，“数”在物之先。自然界的一切现象都是由“数”决定的，都必须服从“数”和“和谐”。

兰波向往“数”的世界，至少有以下几点理由：

1. 兰波认同法国文学深受古希腊哲学和文学影响，但他不喜欢被主流文化奉为圭臬的柏拉图和亚里士多德。于是，他找到自己的源头，即毕达哥拉斯。

2. “数”对世界的解读建立在艺术和几何关系上的分析，使用的是形象的语言，也就是兰波所说的唯物主义语言，同时，数构成了事物内在的完美与和谐。这让兰波相信，他可以脱离社会组织和宗教，而建立一个由“数”决定的独立而和谐的世界。

3. 兰波在创作中特别重视法国诗歌语言和韵律创新。完全有理由推断《元音》是受了毕达哥拉斯学派对数赋义的启示写成的。兰波诗歌的语言关系和规则，兰波对诗歌艺术形式的追求都是建立在“数”的基础上的。

4. 毕达哥拉斯是一个有神秘主义倾向的人，虽然他富有智慧，但也十分迷信。兰波的种种行为都留有鲜明的毕达哥拉斯痕迹。比如：毕达哥拉斯早年在意大利帮助管理克罗顿时，他禁止人们为自己祈求。兰波则提出“我是他者”。毕达哥拉斯第一个说出“朋友之间一切都是共有的”“友谊就是平等”，兰波则身无分文来到魏尔伦身边后，生活都仰仗魏尔伦和他朋友的接济，却从不觉得亏欠什么。可能，他骨子里想的就是毕达哥拉斯这句名言：朋友之间一切都是共有的！（有时，也许兰波意识到某些不妥，所以，他自称自己是“没良心的”。）毕达哥拉斯有很多禁忌，比如：不要用刀子拨火，不要吃心，不要在指环上刻神像，不要朝太阳小便、不踩踏豆苗等。据说，毕达哥拉斯就是因为自己不肯破坏自己的禁忌，在逃跑时坚决不踏进豆地，而停在那里等着追杀他的人把自己杀掉。兰波也是一个充满神秘感的人。他认为诗歌的最高境界是抵达未知。毕达哥拉斯说：“精液是一滴脑髓，包含着热的蒸汽。”作为生命之元，热的蒸汽生出灵魂和感觉。婴儿身上有各种生命的缘由，这些缘由都是根据和谐的规律联系在他身上的。因此，婴儿是人最完美的状态。兰波渴望抵达的人性也正是孩子的单纯。

这或许就是兰波在指出法国文学的“坏血统”时，自己认同并选择的“好血统”。

同时，兰波针对现实发起了全面之战。针对法国贵族虚伪的表现，兰波崇尚的是由贫苦人民组成“劣等民族”。暗示这是希望所在，人民将获得无上权力，唯人民的力量才能“让都城在暗夜里放出光华，灿若白昼”。这些人民在兰波心中“就像我可爱的祖先，围着篝火，又是吸烟，又是喝酒”。

除此以外，还包括兰波跟自己以及社会之间展开的“天性与理性之战”——最后的纯真，最后的恐惧，这是早已说定了的。

不要把我的憎恶和我的背叛也带给世界。

“怀疑与选择之战”——“我出租给谁？……还是把正义保住吧。”

“理想与现实之战”——“啊！我完全被抛弃了……”

以及个人与社会之战，清教徒与野蛮人之战，欲望与解脱之战，自然与掠夺之战等等一并回荡在兰波的心中。“我的心受到致命的一击，这我事先可没有料到。”对这些问题的思考代表着兰波写作的成熟，面对诸多困惑，兰波渴望自己在死亡中获得新生。像一个幼童那样，被抚养成人，以便忘却一切苦难，在乐园中嬉戏。

在这首诗里，兰波的主体身份不断转换，他不是单纯站在自己的角度上发声，他是在以不同人的身份在发声（包括上帝）。在这里，兰波用写作证明了他对自己的定位：“我是一个他者。”但这里终归有一种声音是兰波自己的，那是什么样的声音？

——“请珍视我的天真无辜，这种天真、开阔、明朗，不会让你感到晕眩，不能自持。”

比较有趣的是，兰波在这首诗里提前预见到了自己的后半生。

“总有一天我还要回来，肢体变成生铁铸成的，皮色黝黑，眼目如狂如怒。人们看看我这幅面具就断定我是出自一个强悍的种族。我将拥有黄金：我将是优游自主，而且粗狂野蛮。有许多女人照料看顾这些从热带返回的凶野的残废人。我将参与政治事务。得救了！”（《地狱一季·坏血统》，王道乾译，花城出版社，1991 年）

兰波与魏尔伦分手后不久就只身去了非洲，开始他理想中的生活——原始而质朴。他确实变得身体强健、黝黑，在倒卖军火时，口袋里常常携带大量黄金。特别是，他的腿感染后回到法国，做了截肢手术，他真的成了“残废人”。唯有他“参与政治事务”的预言没有应验。在他死之前，他对自己一生的行为对错恍然大悟，也算是“得救了”。

关于《地狱之夜》

《地狱之夜》写于布鲁塞尔枪击案之后。魏尔伦为此入狱，兰波则住进布鲁塞尔医院。这期间，两个人都被强制做了基督教的皈依。魏尔伦是真心皈依了，而兰波仅仅表面上接受了皈依。关于皈依悔过，魏尔伦在1873年夏末，寄给兰波自己在皈依后写的《爱之罪》，这首用8个月完成的作品被认为是专门为兰波而写。他希望兰波能够像自己一样悔悟过错，回到正轨上来，以便改变兰波“坏天使”的命运。《地狱之夜》很可能是兰波针对魏尔伦的劝告而作。果然如此的话，我们不难发现，《坏血统》是兰波要和法国传统文化做个了断，而《地狱之夜》则是在信仰上和魏尔伦做个了断。

“我吞下一大口毒药”，这毒药或许就是魏尔伦苦口婆心的规劝。但兰波并不接受，不仅如此，信仰上的分歧让他彻底放弃了对魏尔伦的好感和依赖。魏尔伦都规劝了兰波什么？《地狱之夜》前面部分已经充分显露无疑。其核心就是：“皈依良善和幸福，才是最终得救之路！”兰波的态度很鲜明，他首先用嘲弄的语气说：“——给我这么一个好主意，真该三倍地祝福！”兰波喝令魏尔伦："滚开，魔鬼！"联想到此前魏尔伦对自己做一个"浪荡子"的教唆，对自己诗歌才华的肯定和赞美，现在，魏尔伦把一切灾祸都归入到"宗教"和"道德"上面，这让兰波十分失望。

"你不要说，不要说了！……在这里，责难就是耻辱：撒旦说火是愚蠢的，我的愤怒也愚不可及。——教唆我去犯错误，施魔法，假香料，幼稚的无聊的音乐。够了，够了！……——说我握有真理，说我看到了正义：我有健全、明确的判断力，说我已臻于完美……那是傲慢。"（《地狱之夜》，王道乾译，花城出版社，1991年）

魏尔伦在给兰波的信中写道："我见你有愚蠢的意图，感到十分悲伤。你是多么聪明，有所准备（这一点甚至令我吃惊！）。我是在说你对一切和一切人的厌恶，你对每一件事的持久愤怒，——从根本上说，是没有理由的。"（《魏尔伦致兰波的信》，1875年12月12日）

在魏尔伦看来，障碍兰波才华发挥的是信仰问题，而对兰波来说，信仰从来不是问题。两人之间的分歧表面上看与宗教有关，实际上已经暴露出两人在精神取向和诗歌观念上的深度不同。在兰波看来，作为人，他比在"福音"的诱导下看到更多的"美好动人的创造物"，他比在上帝呵护下拥有更多的自由。他对"皈依良善和幸福，得救之路"的规劝表示怀疑和否定，他对"人欲自毁自伤，必下地狱"的恐吓之词则表示无所畏惧，他对"受洗"拯救的过程则干脆斥为"卖身"。兰波用"地狱伤不到异教之人"坚定地表明了自己拒不悔过的生命态度。

有人认为，兰波并不是一个无神论者，他是通过反上帝的方式承认了上帝的存在。这样的分析或许有道理，不过，从《地狱之夜》来看，兰波反对皈依是希望在生命和自然中获取更大的精神力量。正如他在诗中写道：“啊！童年，绿草地，喜雨，岩石上的碧水蓝湖，钟楼敲响午夜十二时的光……在这样的时刻，魔鬼他正躲在钟楼上，玛利亚！圣母！……——我这种愚蠢，可怕至极。”兰波用反语说明当他与美同在时就是与圣母同在。“可怕至极”是对魏尔伦规劝的嘲弄。

兰波觉得这样说还不够明确，进一步反问道：“在那里的难道不都是正直的灵魂？不都是对我怀有善意？”

从精神终极高度上，兰波对自己不皈依也能抵达足够的境界充满自信。同时，他对自己写作的独特性和才华也极度自信。他写道：“幻影重重，无穷无尽。我所见到的永远都是如此：历史不可信，原则全忘记。我将来也不说：诗人和看到异象的人会嫉恨在心。我是千倍地富有，我们须像海洋那样悭吝。”（《地狱之夜》）这一段再一次表明兰波对自己创造一种全新写作的信心和抱负。也说明，尽管经历了一系列事件，遭遇到现实中的种种挫败，但兰波对自己写作的追求始终没有放弃。

除了写作上的抱负，兰波也自恃是一个可以洞悉一切秘密之人。他写道:“我要揭开所有的秘密:宗教的秘密,或自然中的神奇,生，死，过去，未来，宇宙肇始，混沌空无，我是施展魔幻奇景的法师。”（《地狱之夜》，王道乾译，花城出版社，1991 年）

兰波这样写并非有意展现自己的狂妄，只是表明，他拥有“通灵术”，借助“通灵”他可以抵达一切未知，揭开一切秘密。这首诗的后半部分并不是他的灵魂真正感受到地狱的恐惧后所升起的绝望，那只不过是他借布道者之口揭穿其通过地狱来恐吓人们的把戏而已。很多评论家站在基督教和心理学的角度分析此处兰波内心的纠结和挣扎，认为他处于自我灵魂的斗争之中：既向往解脱又找不到解脱之路。他是被自己的骄傲害了。比如美国的罗伯特·格里尔·科恩，法国的苏珊娜·贝尔纳等。我认为这些评论家低估了兰波的写作意志，也低估了兰波的精神力量。他们差不多把兰波当作一个爱做梦又涉世不深的普通少年。事实上，兰波以他持久的影响力证明，他的存在绝非是一个可以类比的普遍现象。

骄傲不是害了兰波，而是成就了兰波。让我们记住他对自我的评价："我是千倍地富有，我们须像海洋那样悭吝。"何为"像海洋那样悭吝"？就是因为自身足够的深厚和博大，而任何人能够从自己这里取走的都是微乎其微的一部分。"悭吝"不是说不愿意给予，而是说人们由于浅薄和庸俗不会轻易从中接纳他的给予。今天，我们不断地研究兰波，仍觉得离他本真的心灵相距遥远，不正说明他具有"海洋那样的悭吝"吗？

关于谵妄I：疯狂的童贞女

《新约·路加福音》第一章记载了天使加百列奉上帝差遣，往加利利的拿撒勒，告诉那里的童贞女玛利亚，说她已经怀了主上帝的孩子，她生产的孩子叫耶稣。玛利亚未婚得孕，教旨上具有这样几层意思：一是，主上帝万能，可以让童贞女受孕，显示出主的主宰力量；二是主上帝慈悲，为了救助苦难中的人们，让圣子降临平凡人家；三是，玛利亚的虔敬和忠诚，以牺牲自己的名誉哺育圣子成长，为臣民服从上帝的意志做了楷模。正如童贞女对天使说："我是主的使女，情愿照你的话成就在我身上。"（《旧新约全书》之《新约全书·路加福音》第一章，第39行）

要想了解兰波关于《谵妄——疯狂的童贞女》的创作背景和思路，首先必须熟悉圣经中关于童贞女的故事。这个故事在基督教中十分重要，因为它决定了基督耶稣的诞生。对于不相信上帝的兰波来说，基督教关于童贞女的故事充满了荒诞的成分。第一，从生理学看，上帝让玛利亚受孕的事是不成立的。这是谵妄之一。第二，基督降临了，世界的苦难并没有减少，这说明等待拯救一样受罪。这是谵妄之二。第三，玛利亚本来许配给约瑟，却未婚先孕。在现实生活中，这一故事诱导人们为了不切实际的信仰，牺牲掉现实生活。这是谵妄之三。兰波在《坏血统》里曾写道："异教的血液又回来了！'圣灵'近在咫尺。为什么基督不来辅助我，给我的灵魂以高贵和自由。'福音'已经一去不返！'福音！''福音！'"（《地狱一季·坏血统》，王道乾译，花城出版社，1991年）

这样看，我们就不难发现，兰波在这里真正要写的就是"人间福音"，他暗中瞄准的仍是对基督教的否定和对立。基督教中的童贞女是理性的、圣洁的、虔诚的，兰波就幻化了一个与之对立的现实中的童贞女。这个童贞女是"疯狂的，充满喜怒悲欢的"。基督教中的童贞女有两个丈夫，一个是主，他在天上；另一个是约瑟，他在人间。但童真女几乎把一切都给了天上的丈夫，她也因此得救。对应这样的结果，兰波幻化的童贞女把一切都给了地上的丈夫，她为此享受到的幸福和痛苦让她的丈夫甘愿为此下地狱。

兰波没有结婚，写《地狱一季》之前，他对爱情和夫妻生活体验最深的就是与魏尔伦在一起的日子。因此，这首诗里关于夫妻感情生活的经验多数都来自他与魏尔伦在一起的感受。但不等于兰波简单地为他们那段惊世骇俗的相恋写一份自传。有人对“疯童贞女”和“下地狱的丈夫”贴标签，认定疯童贞女是魏尔伦，下地狱的丈夫是兰波，这是不准确的。在诗里，我们看到兰波对疯童贞女的描写说的就是他自己，而对下地狱的丈夫的描写说的就是魏尔伦。兰波在这一章表面是写爱情，实际上是写世俗幸福的来源和价值问题。我们回过头来看，继前两章从宏观切入之后，兰波迅速将镜头聚焦到存在的现实问题上。兰波的思路很清晰，他要呈现和表达的就是放弃被拯救的谵妄，切实过一种人间生活！正如兰波在这一章结尾所说：“真是一对有趣的夫妻！”

“有趣”一词表明了兰波的幸福观和爱情观，相对基督教倡导的神圣、崇高和永恒等大词而言，“有趣”更显出了人情味。从整体节奏和氛围看，这一章正因“有趣”才让此前的紧张气氛得以缓解，变得轻松活泼。兰波开头以一个现实中女信徒的口吻向上帝诉苦，这种婆婆妈妈的口吻可能来自兰波的母亲。这个女人，“根据她的女儿——伊萨贝尔的说法，她是一个‘呆板而严厉的女人’；而库隆先生说，她是一个圣经式的人物。”（《兰波〈作品集〉绪论》，苏珊娜·贝尔纳著，杨德友译）兰波虽然讨厌母亲对自己的严厉管教，但他对母亲所受的苦还是看在眼里：丈夫抛弃了她，爱好名誉恰恰儿女又都不争气，长子“说谎、虚假、欺骗”，兰波又叛逆，喜欢冒险。次女夭折，娘家的两个兄弟酗酒、淫荡。为此，兰波在诗里写道：“当前，我是在人世的最底层！”“让我们把真心话说出来，哪怕重复二十遍也不怕，——反正是一样，反正都是又悲又惨又琐碎。”“我是寡妇……——我早就成了寡妇……——不错，我从前很严肃很规矩，我出生不是为了成为骷髅白骨！”（《地狱一季·疯狂的童贞女》，王道乾译，花城出版社，1991 年）

这些很可能是挂在女人嘴边的絮叨，反映出基督教信仰在现实人们内心的动摇。兰波没有再像前面用激烈批判的言辞反驳基督教，而是借助一个爱唠叨的受苦的女人之口，说出了信仰与拯救的失灵。

“他说：‘我不爱女人。爱情还有待于发明，你知道。’”这句话很像出自魏尔伦之口。这也许是兰波和魏尔伦在一起时，魏尔伦谈论的自己观点。他抛下新婚妻子，跟兰波在一起，一定有他自己的理由。主导魏尔伦抛弃美丽的妻子和富有家庭的核心理念也许就是这句话：“我不爱女人。爱情还有待发明。”在当时，兰波和魏尔伦之间的恋情可谓是发明出的新爱情。今天，同性恋已基本被人们乃至法律所接受。这一冲破禁忌的发明，毫无疑问不是按照上帝的意志得到的，而是按照人性和趣味的需要得到的。

“我听他把无耻当作光荣，把残忍当作妍美。……”这是兰波在说自己。兰波从一开始就决定把撒旦当作偶像，向恶而行。这是他对自己选择的肯定。他鼓励自己道：“处在这样的日子，我只想带着犯罪的神色向前走！”

现实中的爱情不像童贞女对上帝的爱那样纯粹、彻底、顺从，而是彼此之间充满欣赏、依赖、抱怨、照顾、吵架、怨恨、嫉妒、期许、失望、真诚、伪装等等。在兰波看来，这样的生活才是人的生活，才是真实的生活。我们要认同这种生活，而不是期待自己过更高级的生活，甚至天上的生活。那么什么才是兰波理想的生活？兰波写道："啊！我从来不曾嫉妒他。我相信，他不会离开我。后来怎样？他没有知识，没有工作。他只想像梦游人那样活下去。仅仅把善良和仁慈竟赋予他在现实世界生存的权力。有时，我忘记我深陷悲悯的心境：他让我变得坚强，我们一同外出旅行，到沙漠中去打猎，一同睡倒在未见过的城市的石板路上，无所牵挂，无忧无虑。"（《谵妄：疯狂的童贞女》，王道乾译，花城出版社，1991 年）

这既是兰波对爱的期许，也是兰波内心能够平静下来渴望的和解生活。当然，这里有兰波对自己曾经和魏尔伦去伦敦流浪时两个人自由自在生活的留恋。毕竟，兰波不是浪漫主义诗人，他反对依靠内心的感受来写作。为此，兰波没有给自己设计理想的生活模式，而是任由世事变化和安排。他接下来写道："有一天我一觉醒来，法律风俗全变，——全凭他的魔力，——世界依然如故，照旧让我们随心所欲，有我的欢乐，任我闲散随意。"（译注同上）

很多批评家都认为兰波性格中有软弱的一面，善变、脆弱，甚至夸大了这方面的弱点，从而降低对其艺术价值的评判。兰波偶尔表现出的回归世俗之路有时迫于家庭压力，有时迫于生存需要，但事实上兰波至死都没有回到城市文明的中心，因为他需要保留内心的自由和野性。而要做到这一点，性格软弱的人是做不到的。因此，谵妄：疯狂的童真女和下地狱的丈夫，在我看来，是兰波和世俗生活做出的告别和了断。

关于谵妄 II：言语炼金术

这是兰波真正热衷的工作和生活，也是他的志趣所在、才华所在、贡献所在。兰波在梳理清楚自己和法国传统文化、基督教信仰、世俗爱情生活等关系后，开始把目光集中到对艺术的单纯呈现之上。兰波开头说道："与我有关。我的种种疯狂中一种疯狂的故事。"这句强调意味深长，说明诗歌在他生命中的重要地位。同时，从这一句里，我们也应该悟出兰波在《地狱一季》整部作品中角色的转换，以及"他者"身份的替代。可以肯定的是，兰波绝不仅仅像某些批评家们想象的那样，《地狱一季》不是兰波忏悔之作，也不是兰波内心"骄傲与脆弱"两种声音的杂乱呈现。兰波的目标其实很大，就是要成为主宰世界的人。就算不能主宰世界，也是能够主宰自己的人。兰波对基督教的对立无非要证明一点：做自己的上帝！

"很久以来，我自诩主宰一切可能存在的风景，我认为绘画和现代诗如此驰名原也十分无谓。"我一直参照王道乾的译本，不过这一句的后半句让我产生疑惑。于是，我看王以培的翻译。他是这样译的："很久以来，我自诩能享一切可能出现的风暴，可以嘲弄现代绘画与诗歌的名流。"这里面有多处不同，一处是"主宰"与"享用"不同，一处是"风景"与"风暴"不同，一处是"无谓"和"嘲弄"不同。我并不懂法语，不过直觉感觉王道乾译成"主宰"

比“享用”准确，通灵不是建立在既有现实上，而是对现实的全新发现。而“风景”与“风暴”之别，似乎明显是王以培有问题。言语炼金术是创造美的方式，他不可能是“风暴”式的。这里是否存在印刷错误也说不准。第三，“无谓”与“嘲弄”之间，嘲弄更符合兰波的性格，而“无谓”太文气了（况且当代汉语中对“无谓”一词的使用已不多见），翻译上的不同打断了我的思路。现在，我明白兰波这么说的意图。从现代艺术的创新角度来看，兰波已经走在了时代的前列，他从理念、行动、情感、技法等多方面具备了超越一切名流的能力和水平。他对自己创造一种新语言、一种引领行为的语言这一目标信心满满。

言语炼金术（王道乾译）不仅仅是艺术创新的需要，也是将言语从基督教的语境下解放出来的需要。言语一词，基督教神学称为“圣言”，甚至说言先于世界既有。同时，《马太福音》中明确写道：“一切的罪和亵渎的话都可得赦免，唯独亵渎圣灵总不得赦免。”“凡人所说的闲话，当审判的日子，必要句句供出来。因为要凭你的话定你为义，也要凭你的话，定你有罪。”（《马太福音》第十二章）。同时，根据《旧约·创世纪》第十一章记载，大洪水后，天下人都讲一样的语言，都有一样的口音。诺亚的子孙越来越多，不断向东迁移，在巴别这个地方定居下来，他们商量要建一座城，再建一座通天塔，准备把人直接送到天上去。但这件事让上帝震怒，为了阻止人类的狂妄，上帝来到人间离乱语言，使他们分散到各处。那座塔就是半途而废的巴别塔。这些背景说明在基督教文化背景下，解救灵魂和解救言语同等重要。

谵妄，表明了兰波非理性的艺术观和语言观。当然，这种非理性的艺术观并非始于兰波。柏拉图说："诗人又清醒又疯狂。"文艺复兴时期意大利威尼斯画家委罗内塞（1528—1588）曾说："我们画家像诗人和疯子那样放肆。"18世纪德国诗人诺瓦利斯（1772—1801）也曾说过："诗人确实疯了——这种疯换来的是一切都在他内心发生。他的每一个言语细节都同时既是主题，又是客体；既是灵魂，又是天地万物。"经院哲学家集大成者托马斯·阿奎那试图在人直觉与灵感中做些神性的调和，认为诗人或艺术家非理性的想象力是"神"赋予的。但兰波不会认同托马斯的论调，他的想法更贴近诺瓦利斯：诗人通过锤炼言语来构筑他独立的世界。兰波不但要摆脱上帝的主宰成为自主者，还要通过言语主宰世界。这是他认为自己必须有的选择，尽管在基督徒看来这样的想法纯属"谵妄"。

兰波在诗歌语言上的贡献正如他自己所说"发明了母音的色彩"！（在前面分析《元音》时已谈及）不仅如此，兰波还"规定了每一个子音的形式和变化"，利用个人"本能的节奏"还发明了一整套诗的语言。兰波早在1871年之前就开始思考语言问题。他在给保罗·德莫尼的信中谈道："所以，诗人，确实是盗火者。他背负着全人类，甚至包括动物；他必须让人感觉到、触摸到、听到他的创造；如果那是他从彼岸带回来的，有形式，就赋予形式。如果是不定形的，就出以不定形。还要找到一种语言。"（《致保罗·德莫尼的信》，王道乾译）

兰波意识到语言在诗歌表现上的重要地位。他要创造的语言是一种可以被感觉到的世界，而不是被思考的世界。这种语言已经脱离了古希腊以来以逻辑和赋义为主的哲学化语言影响，脱离了以祈祷和赞颂为主的赞美诗语言影响，脱离了以道德说教为主的抒情诗语言影响。兰波要创造的一种鲜活的语言就是形象化直觉语言。尽管兰波不像索绪尔那样，从功能和结构上看到语言内在的关系，但是，兰波摒弃了以往的语言定式和习惯，重新定义字母的表现功能和表达方式，突出了语言的本体性价值和地位。

炼金术并不是一个新玩意。在欧洲，它的历史比基督教还长。但炼金术从没有像基督教那样广为普及，它是一种始终在极少数人中传承的技艺和文化。经过不断演化，炼金术成为改变世界、创造奇迹的智慧别称。兰波把自己写作的最高形式命名为言语炼金术，表现出他对诗歌这种古老技艺的迷恋，对运用古老的语言符号创造全新艺术世界的兴趣、才能和精神追求。但兰波并不以智者自居，他更迷恋将一个平淡无奇的词生发出新的光芒。正如兰波在《言语炼金术》中所言："我写出了静寂无声，写出了黑夜，不可表达的我已经作出记录。对于晕眩惑乱我也给以固定。"借助一首诗我们来看一下他是如何利用言语创造奇迹的。譬如像这样的诗句：

在青青的瓦兹河我喝到了什么，
——无声的小榆树，无花的草地，荫蔽的天空！——
我离开亲切的茅屋举起黄葫芦瓢畅饮？
是黄金水喝得人热汗涔涔。
……

在传统的诗歌中，“喝”这个词无论如何是不能和“无声的小榆树，无花的草地，荫蔽的天空”相连的，更何况“黄金水喝得人热汗涔涔”。在以往欧洲的诗歌中，也从不曾有过类似大胆的诗句。浪漫主义诗人可能会写：“青青的瓦兹河多么迷人，倒映着小榆树的影子，无花的草地伸向天边，仿佛绿茵遮蔽了天空。”这样写仅仅表现出了诗人眼中的自然，而兰波要表现的是自己纯净的生命和这一切已经融为有机的一体。他对大自然的饥渴就像对水的饥渴，而这种饥渴是多么珍贵而美妙，那令他解渴的水竟是黄金之水。兰波对此自我评价说：“诗中的旧辞古意，在我的言语炼金术中占有重要地位。”遗憾的是，在我读到关于兰波有限的评论中，少有批评家对兰波这一言语贡献予以识别和肯定。倒是后来的一些诗人从兰波的诗歌语言中受到启发，丰富了诗歌的表现形式，拓宽了诗歌的表现空间。典型的如唯美主义和超现实主义诗歌。

兰波的言语炼金术是一次关于诗性的变革与解放。在诗歌历史上至少突破了“三重关”。第一重关突破了“理解”关。“理解”是一种理性的存在方式。自古以来，诗歌始终都是围绕“理解”而展开。要么是共同的需求确立了诗的形式和内容，比如英雄史诗；要么是共同的理念限制了诗歌的表现方式，比如基督教教义下的诗歌。因为强调“理解”，诗歌从来不是以自己的面目出现的。兰波从言语形式上突破了理解关，例如“喝无声的小榆树、喝荫蔽的天空、喝黄金水”等诗句，在传统的语境下是无法理解的，但是这却是可以感知的。是兰波率先让诗性获得了不可理解的权利，是兰波取消了“理解”建立的“共同圆心”，让诗意在任意的弧线上与读者相切、相交。

兰波突破的第二重关是诗歌的起源关。自贺拉斯以来，西方的艺术一直流行模仿说。艺术来自对自然的模仿。兰波打破了这一观念，他从言语中找到了创造崭新诗意的途径。诗源于言语，或者说诗源于言语炼金术。一方面，兰波摆脱了对自然的模仿，诗找到了属于它自己的“故乡”；另一方面，从认识观念上，摆脱了古希腊哲学、诗学，以及基督教的束缚，诗意获得了自由表现的空间。

诗性解放突破的第三重关即我们人类认知和感觉习惯。面对兰波的诗歌，我们开始重新审视自己的感官功能，我们被命令向自己挑战，对那些习惯性的思维和感官说“不”。我们因诗性的存在而渴望发现全新的自己。这种斗争就是兰波所说的：“精神的战斗。”有的批评家把兰波提出的“精神的战斗”说成是自己内心矛盾、狂妄和软弱之间的纠结，我认为这真是对兰波极其可笑的误解。

了解了兰波的写作抱负和贡献之后，回头我们看看布勒东对超现实主义的定义：“缺乏理性支配的任何控制，以及‘纯粹心理的自动性’作为超现实主义以及自动写作原则。”我们不难发现他这个兰波的学徒继承的只是兰波诗艺的皮毛而已。

就在兰波出走非洲的时候，即 1882 年 11 月 18 日，一个男孩诞生在巴黎一个信奉新教的家庭，这个男孩后来成为法国乃至世界著名的哲学家和文学理论家。他的发现之一就是从兰波的“言语炼金术”中看到“智性”是“诗性的重要部分”。这个人叫雅克·马利坦。何为智性？他说得很明白：“智性表现为去知识、去认识、去思想。智性是一种第一念的东西。它不是靠说清楚，而是被感受和体悟到。

在灵魂储备的诸力量中，在想象的自由中，在精神的无意识中，诗获得了自己的源泉。

“智性表现出的认识功能不是对外的辨识，而是对内的辨识，他与自己的本质靠近，甚至合一。”（雅克·马利坦《艺术与诗中创造性直觉》三联书店 1991 年版，刘有元、罗选民等译）

对此，我们可以窥见兰波创作《地狱一季》的真实意图，并非以自省的方式写自己的“忏悔录”，也不是要证明偏离上帝指引的正道让自己陷落深渊的受难过程，相反，他是在反对上帝过程中，强化人自我存在的权利，强化诗性创造世界的权利和途径。

基于对兰波言语炼金术的分析，我们可以比较一下上帝创造世界和诗人创造世界之间究竟有什么不同？兰波反对上帝是仅仅基于亵渎神灵而为之，还是基于获得更为自由的艺术空间而为之？

从圣经创世纪可以发现，上帝的创造性表现为一种权力事实。上帝从不从事物中接受什么，因为一切事物皆上帝所造。这意味着上帝基于他自己的需求来创造。他创造符合并服从于他绝对统治需要的东西。上帝并不基于趣味和自由来创造。

诗人的创造与上帝不同，尽管不能说决然有别，但差别是显见的。上帝创造必然的事物；而诗人创造偶然的事物。上帝基于权力和光芒投射创造他的造物；而诗人则基于消弭和忘我创造他的造物。上帝有唯一不变的主体，他始终基于此出发，创造他想创造的东西，造物永远附属于上帝，不能独立存在；而诗人有着变化着的主体（我是他者），他创造无法预测之物。他的造物不是附属于主体，可以独立存在，甚至替代诗人而存在。最根本的一点是，上帝创造是为了呈现世界的永恒性；而诗人的创造是为了呈现世界的破碎和毁灭，尽管他常常以呈现“美”为初衷。

魏尔伦如此评价兰波：“他既非魔鬼，也非上帝，而是阿尔图·兰波先生，就是说一位很大很大的诗人，一位具有绝对独特而非凡情趣和神奇的语言能力的大诗人。”（王以培译）不管兰波和魏尔伦之间有着怎样的分歧，魏尔伦对兰波的这句中肯而准确的评价都可以看作是他们之间心心相印的见证，无论基于爱慕，还是基于同道者，这一评价都将成为他们彼此伟大的标志。

5. 兰波的后期写作

就像我看到《地狱一季》后面几个篇章表现出的乏弱而不想说话一样，兰波后期的作品尽管也有非常好的篇什，比如《彩图集》中的《童年》《杂耍》《断章》《流浪者》《黎明》等都有创新和变化之处，不过，他创造的锐气和率性已不如从前。他的语调明显缓慢下来，沉思中多了几分世故。就像我不喜欢他在《地狱一季》后面几个篇章中意图鲜明的表白一样，我也不喜欢他在类似《城市》这样的诗歌中过度的文化话语和他与此前所追求的“言语炼金术”的背道而驰。我能感受到他对城市文明的厌倦和拒绝，但他的诗总有一些对城市的暧昧情感，迷失在似怨似艾中。当然，《彩图集》里的诗是否都写于《地狱一季》之后也不确定。我把它们归结为后期作品，主要是出于这些诗显现出了兰波才华的衰退之势。如果说兰波在现实中也曾为自己是留在城市里还是去往蛮荒（沙漠）之处犹豫过的话，那么，这些诗可以作为他思想动摇的佐证。是的，他的诗保留着他勉强自己的痕迹。有人认为兰波晚期作品归于平静了。的确，这些散文诗更带有设计者在选择时迟疑不定的步态。如果兰波能够活过 50 岁，那么，这种平静可能会成为他诗歌风格变化的转折点。不是时间给了这些放缓的语调以合法性，而是生命将教会兰波以一种更加智慧的方式与毁灭对抗。但遗憾的是，兰波 37 岁就离开了这个世界。我们不能指望用对一个饱经世故诗人的接纳眼光来看待兰波。他耀眼的光华和令世界为之震撼的力量都决定了他的价值在于他是一颗流星。实际上，他后期在非洲的生活行为也是极其富有传奇性的，是一首无声的诗歌。只是，作为文本，我们无法留存他的足迹。我用了差不多半年时间和兰波交谈，自认为发现了许多他被忽视以及遮蔽的艺术特点，在沾沾自喜中也常常自问：难道阅读本身不比评头品足更美妙吗？这篇文章差不多写了有三万字了，我想说的是我不是兰波迷，但我对兰波的敬佩也已表露无遗。在所有的诗人中，少有像兰波这样充满迷幻的色彩。这个天才少年，以挑战上帝的勇气，向恶而行，以开天辟地的抱负和胸怀，创造了前无古人的诗歌。对于他自己来说，他的遭际一定让他真实地认识到人间地狱之恶，但是，他却以非凡的创作留给我们艺术之美。

通过小事物抗拒绝望

通过小事物抗拒绝望
比如在花盆里培植兰草
不算最好的选择，但也不坏
遍地野火，春草已被烧尽
这是白居易没有料到的
他当时太年轻，如今
野火把人们的头发点燃
街上穿行燃烧的人流
但我们不是生为灰烬的
我们留藏一点绿色
用来疗伤，用来复活

马尔克斯：用魔幻担负孤独

马尔克斯离开了我们。当年，我在读《百年孤独》的时候，印象最深的离奇故事是蕾梅黛丝抓起一个雪白的床单乘风而去，消失在空中。此刻，我在想马尔克斯是否也是这样自由、洒脱、轻松地离开我们，奔往属于他的另一个王国。

他的离开引起全世界关注，和他不朽的文学作品一样，再一次让人们凝神审视文学大师的价值和文学的意义。马尔克斯堪称拉美之魂，尽管拉美著名的诗人和作家很多，譬如聂鲁达、博尔赫斯、沃尔科特、卡彭铁尔等，但都不如马尔克斯具有如此持久和广泛的影响力。他把拉美魔幻现实主义文学带到了一个高峰，并让拉美文学在世界文学中大放异彩。他突破了已有小说写作范式，将诗的语言、童话般的想象与现实相融合，使得故事亦真亦幻，好玩中含有命运的预设和必然，轻松中渗透了生命的无奈和悲苦。

有人把马尔克斯的《百年孤独》与塞万提斯的《堂·吉诃德》相比较，这两部小说的确有着某种相似的使命。《堂·吉诃德》是用滑稽可笑担负理想主义的单纯与破灭，《百年孤独》是用魔幻担负现实的荒谬和悲哀。对于有单纯理想的人，堂·吉诃德的遭遇让人笑过后想哭，同样，马尔克斯充满奇幻的想象力对于了解甚至洞察现实真相的人来说，在感到惊奇好玩之后难免陷入深深的孤独和绝望。孤独在马尔克斯眼里不仅仅是一个精神概念，更是一个时间和空间的概念。作为时间的概念，孤独是预设好的，一个家族的百年兴衰就是对孤独的最好诠释，等于说人一生的理想和追求都逃不出命运的安排，在命运的路线图里，拯救和放弃，进步和堕落，爱与恨，生与死都只是印证一个预言。从空间概念来说，孤独等同于虚无，一个百年建成的家园（小镇马孔多）在一场突如其来的飓风中从地球上消失得无影无踪。

但马尔克斯并没有让我们在读完小说后感到沮丧，而是有一种惊叹和愉悦。惊叹是马尔克斯竟然把如此沉重的人生和社会问题处理得如此出人意料，超出了我们的经验，甚至想象能力，他天才的想象力和语言能力改变了我们看待生活的视角，让我们洞察到另一种存在的秘密，甚至荒诞不经。愉悦是他的创造力帮助我们打开发现美的慧眼，我们徜徉于他建造的语言迷宫之中，流连忘返。我在想，《百年孤独》为什么不像巴尔扎克《人间喜剧》那样，读后给人一种功利感？为什么不像陀思妥耶夫斯基《被侮辱与被损害的》那样，读后给人一种窒息感？如果不考虑小说家内在的气质和个人生活境遇影响的话，我觉得单从艺术表现上看，主要是马尔克斯用魔幻担负孤独，因此，他给一个沉重的主题插上了翅膀，让故事自己飞翔，而不是像巴尔扎克手持善与恶的镜子照人，也不像陀思妥耶夫斯基过度把个人的感伤放大成一种社会普遍的黑暗。

读马尔克斯的小说有一种被故事带着飞翔的感觉，这是一种很美妙的感觉。通常，我只有在读到好的诗歌时才有这样的感觉。一度，我认为马尔克斯就是一个伟大的诗人，他通灵、深谙人心、了解鬼神，他掌握着和大海、沙漠、草木、星辰对话的语言，他是天地人神的使者，向充满苦难的人间传递拯救的真言或秘咒。不知为什么，在读到马孔多被一阵飓风刮走，并从地球上消失得无影无踪时，我没有一点对现实和未来的幻灭感，相反，我看到了一种力量和希望。马尔克斯让小镇从地球上消失意味着他心里藏着风暴，意味着他相信地球上一切看似不可改变的现状和痛苦，其实都是可改变的，只是这种力量非人力所及，且不可思议。此时，我隐约感受到马尔克斯用魔幻担负孤独的真实用意，他并非要简单地批判什么，也并非要刻意渲染人类的卑微与龌龊，而是要展现拉美人们生活的神奇魅力。此时，我感受到马尔克斯那颗对拉美文化热爱之心是多么的真挚和热烈。

孤独属于每一个人，有的人在孤独中消沉、堕落，有的人在孤独中默默奋进，有的人在孤独中毁灭。唯独马尔克斯让孤独携带整个拉丁美洲在世界各地飞翔。这就是文学的力量，如同飓风不可思议。

读《托多罗夫：近代美学的产生》随感

2018 年 2 月 12 日，在中国农历春节将至的时候，我从手机微信上读到姜丹丹老师转发的由六点图书推送的《托多罗夫：近代美学的产生》一文。这篇文章对近代美学做了一个粗线条的勾勒，可以看作是近代美学产生的速写，都不能算得上是素描。好像是一次给高中生所做的美学讲座，由于讲座时间的限制，尽可能将讲座的主题集中于某个方面，除了必要的观点做些深度解释和论证以外，其他观点仅仅点到为止。因为这篇文章过于粗线条，我在阅读时感觉不够到位，同步引发出我对某些观点的感想，我将这些感想写在了笔记本上。需要说明的是，我不是要对托多罗夫作批评才写下这些感想，而是他的声音唤起了我的相关兴趣和记忆，我在他速写本上随机添加了几笔。其中，我们之间有些观点相同，有些交叉，有些互补，有些则悖谬。托多罗夫可能在写作时试图校正法国教科书上近代美学史的错误认识，他眼前存在一群怀着好奇心和天真目光的“学生”，而我仿佛只自言自语，嘟嘟囔囔，因为这一天恰好是我的生日。下面是我笔记的原样，我将它照抄于此。

> 18 世纪改造了艺术观的这样两个运动：一是使创作者与创造了一个微观宇宙的神等同，一是使作品与一件纯赏视之

物等同。二者使欧洲世界世俗化，同时也推助了艺术的新一轮神化。

——托多罗夫

茨维坦·托多罗夫，1939年出生于保加利亚，1963年移居法国，1968年起成为法国国家科研中心研究员。托多罗夫是结构主义文学批评的代表人物之一，也是叙事学理论的主要奠基者。（以上摘录于百度）

古典理论家亚里士多德：诗歌摹仿自然。诗与自然是同体并生的关系。诗在摹仿自然的过程中，不是“像”自然，而是抵达自然。这是诗最初抵达自然本体的理论基础和语言进入端口。

贺拉斯：贺拉斯的《诗艺》也是从摹仿自然入手的，只是贺拉斯突出了自然的地位，人在自然面前，是个小学生。人当通过诗歌创作向自然学习，获取自然的活力与美。贺拉斯强调了自然化诗性的教育意义，实际是对诗美的效能发现。如果说亚里士多德通过摹仿自然，实现的是人对诗性的自然开启的话，贺拉斯则在亚里士多德的基础上提出了这种开启的目的和意义。

罗马史诗：（托多罗夫没有谈到罗马史诗）史诗是非自然摹仿的作品，表现为对神话的营造，对历史重大事件的描述和歌赞，对英雄以及命运驾驭者的期盼。这些诗歌都突出了人被人之外力量的控制与抗争。人在这些外力面前是被动的、附属的、悲剧的存在，英雄是人们对自身尊严拯救与捍卫的力量期盼。史诗未必都是现实主义的，古罗马史诗更像是理想主义的。但，人对自然的认识看到以本来面目生存的可能，以及人身上潜藏的固有美。

基督教文学：进入中世纪，基督教影响的诗歌又一次把人引向他控。上帝成为一切创造的根源。基督教文学彻底否定了人的自然属性。尽管托马斯·阿奎那引入亚里士多德的自然学说，改造基督教一神论的观点，但人仍无法在上帝面前获得自由自在的主体地位。这使得基督教诗歌都带有鲜明的救赎和赞颂的味道。这时的诗歌以及其他艺术品都处于被基督教的辖制和胁迫之中，成为宗教仪式或教义布道的附属品。

奥古斯丁：奥古斯丁作为宗教的改革者，他只是努力使政教一体化看上去更具有合理性。他借鉴柏拉图的理想国学说，把上帝看作是最高的理想，把宗教神职人员看作是奉行上帝意志实现这一理想的使者。这让人们面对上帝时眼前出现了亦神亦人的幻影。这个幻影一会儿是上帝，一会儿是柏拉图。人在这亦真亦幻中丧失了判断力，并把对理想的期待和全部的虔诚都通过上帝的使者投注给上帝。其实，上帝对那些掌握着政教双重权力的使者的所作所为一无所知。这是中世纪欧洲黑暗的根本。后来，托马斯·阿奎那，把亚里士多德的自然学说引入到对宗教教义的解读，形成了中世纪以后一个新的哲学流派，即经院哲学。托马斯·阿奎那在神性和自然知性之间搭建了桥梁，使人们在盲从中看到了智慧的闪光。

文艺复兴时期：人们重新回到对诗歌自然美的追求上来，这是一次摆脱基督教束缚后欣喜若狂的人性解放。正如但丁在《神曲》中描述的那样，人们从偏离正道、陷入黑森林的地狱之境，进入到充满阳光的天堂。这时对自然美的回归要比亚里士多德更进一步，不是把美泛自然化，而是为美限制了条件，即美必须是“真”和“善”的。布瓦洛在诗中说：“什么也没有比真更美，只有真是可爱的。”这个“真”不是真理的“真”，而是让人回到人本身的“真”。无论但丁的《神曲》，还是薄伽丘的《十日谈》，都去除了神的附体，而让人在苦难和死亡面前展现出人自身的力量。就“善”而言，唯有人是可以谈论“善”的，因为“善”只和人的行为准则相关，神无需按照善行事，上帝只是按照自己的意志行事。可以认为，文艺复兴之后，欧洲才真正把人当人看待。基于中世纪基督教把人看作是上帝的羔羊，对人本身的持久忽略，文艺复兴后的文学也曾表现出对人本身的过度崇尚和迷恋。比如：把人神化，把神人化，人不只是在自然的意义上与自然天地平起平坐，也在宗教的世界与上帝平起平坐。

这便形成了两种趋势：宗教精神世俗化和艺术神圣化。这个过程改变了艺术家对自身地位和价值的估定，也改变了读者对艺术审视的视角和态度。艺术家开始相信自己拥有这样的能力和权利，即想创造什么就创造什么。艺术是一个独立的王国。艺术的世界是一个艺术家可以自由支配，并可以超越时空而存在的世界。基于如此认识，人们不是在艺术是什么的思维下创作，而是在艺术可以是什么的思维下创作。但值得注意的是，人们在创作中虽然带有对上帝创造世界的摹仿，但归结到作品上，表现出的创造力和创造物却截然不同。上帝是万能的，因此，他创造的世界也是完美的，恰如其分的；但艺术家即便是天才，也不是万能的，所以，他以其有限的才华创造的艺术品无论多美，都有缺憾。文艺复兴之后，特别是十八世纪以来，艺术不再表现为高大上，而是越来越向展示人的弱小、卑微、困惑和痛苦等方面发展。就创造而言，或就美而言，因为生活是不完美的，所以，“上帝作为最高的诗人”受到广泛的质疑。直到兰波，最早喊出“杀死上帝”，尼采宣布“上帝已死”，诗歌和上帝之间纠结不清的关系才得以了断。

在摆脱基督教影响的过程中，不能否认天文学的发展、生物进化论的发展、心理学的发展、哲学的发展、科学的进步都不同程度起到了促进作用。诗歌在这期间并不表现为一种独立的存在，而是欧洲社会进步意识的集中体现。正如莱布尼茨提出的单子论，把世界看作是由无数单子构成的一样，诗人以其观想和体验描绘了属于个体生命的独特世界，这些独特世界不仅独立，也是一个具有私密和严格边界的内在宇宙。

正是艺术的这种独立和自足性，让人们逐渐把对艺术的审视从关注自然和社会，到关注美本身。这时人们发现美既不在于真，也不在于善，而是在于美的自身属性。比如：花的美在于花有色彩和芳香；艺术美在于艺术拥有自身的形式和特点。诗有诗的形式，音乐有音乐的形式，绘画有绘画的形式，艺术创作的匮乏逐渐表现为艺术创作形式的单调和匮乏。对艺术而言，如果它具备美的形式和特点，它就是自足的，不以外界因素而改变。同时，美的这种自足性也超出了社会阶层乃至时空，成为人们普遍可感知的存在物。于是，人们提出了美在于美本身的观点。这种观点把对艺术的考察从艺术与社会、宗教、哲学的关联中解脱出来，放在艺术本体论的位置来看待。这时，人们更敏感于艺术是如何构成的，而不是艺术是什么或可能是什么的问题。人们称这一进程为唯美主义阶段。尽管这一进程面临诸多的阻碍，但是，谁也没能阻止这一进程的发展。今天，艺术越来越表现出它对社会、自然、宗教等功利意义的摆脱，对权利意义的摆脱，甚至对历史形成的自身理论和模式的摆脱，艺术的唯一使命就是不同凡俗。没有谁能预言艺术的发展趋势，但有一点是肯定的，艺术必然沿着不同凡俗之路行进。

柏拉图的梦幻说对唯美主义以主观意愿界定艺术独立世界的理论具有指导意义。柏拉图的梦幻说强调了人对美之物的反映来自人内在的感觉，而这种感觉使诗人在疯狂状态下获得创造异常作品的权利。这种感觉通过笛卡尔的“我思故我在”，克罗齐的“直觉说”被逐渐确立下来。

标志个体成为审美主体的特征体现了 17 世纪到 18 世纪对审美观照、趣味判断和美感的重视。人们通过审美释放他们潜藏的活力和愿望，让自己在和世界共处中遵从内心的需要，而不是服从神的意志，以及权力的律令。当然，这期间宗教、道德的观念从来没有在艺术的世界里缺席过，相反，圣女、圣徒文学等占据了贵族道德神话的高地，沙龙文学圈子的形成，使得谈论文学成为一种时尚的社交，贵族和上流社会顺势用他们的客厅和廉价赞美培养了一批符合其审美趣味的艺术家和艺术作品。媚俗文学应运而生。伴随社会变革和文学革命，艺术开始把反贵族气息当作自己的主要使命。从文学角度看，这时出现了两大艺术思潮，一个是追求不和谐艺术，即以批判、叛逆、颠覆传统价值观为主基调的审丑艺术思潮；一个是追求以形式和唯美为最高目的的纯艺术思潮。

正是因为艺术拒绝单纯服务于贵族，才有了博物馆。博物馆的出现改变了艺术品的收藏和展示方式，变私人独享为共享。在这过程中，博物馆对艺术品的收藏变相凸显了艺术品的价值，从某种程度激发了艺术家投身艺术创作的热情。同时，不同作品集聚于展馆中，也让人们开阔了眼界，提高了艺术审美能力。

自由是一种利益

死亡是一种恐吓和勒索。悲剧意识是为这种恐吓和勒索交出的赎金。

——题记

一

自由是一种利益，自由有贵贱之别。从权利上说，人，乃至一切生命获得自由的权利是平等的。但实际上，每个人获得自由的价值与他付出的成本成正比。自由的本质是人对利益的如愿获得和随意支配。因此，自由是一种物质形式的交换。

二

心灵的自由都是物质交换后兑换的利润所得。它是富余的存在物，这一存在物不是作为成果而显现，而是作为满足而显现。为此，自由的价值总是由他满足之物的价值来决定的。

三

自由不是由意志来决定的，而是由人可支出的成本来决定的。意志至多只是兑换自由可支付的成本之一。当我们决心要做某一件事情时，正是我们决定为一笔交易下订单的时候。但一笔买卖是否成交，是否能赚得利润，并没有定论。为自由进行的交易是一场无终止的博弈。这使得自由所依赖的价值物要么贬值，使得以往积累的财富瞬间化为乌有。要么升值，你需要支付更昂贵的成本与其兑换。

四

自由的兑换不受道德限制，道德不在兑换自由的价格清单之内，而是其兑换成本的一部分。一个愿意付出道德而获得自由的人，要么他获得更大的成功，要么他输得更惨。

五

人的改变根本上说是由其对自由兑换价值物的不同来决定的。一个人走着走着，变得不再是他自己，不是他有什么变异，而是他为自由支付的成本发生了变化。作为利益，人人都在追逐，越是目标集中的利益，人们追逐得就越激烈。自由的兑换因为成本的大小而有差别。在一个更大财团控制的交易中，一个实力弱小者是没有自由可言的，因为你的成本根本不够用来兑换你想要的自由。

六

什么决定了人的异化？是价值体系和交易规则的变化。人一旦参与到交易规则之中，就无法脱身。这时自由不再是他关注的首要问题，利益才是他关注的首要问题。他不再是一个自由的斗士，或者自由主义者，他会成为一个地地道道的利益主义者。这不是他的错，而是规则的本质决定了每个参与者都必须是利益的追逐者。

七

规则有时会借口公平而给予每个参与者自由的权利。但毫无疑问，规则从来不承诺确保每个参与者在规则中获得他们渴望得到的利益。自由变得无利可得的时候，人便开始垫付他生命的本钱。痛苦、忧郁、绝望都是因为他发现自己已无任何成本可支付了。

八

死亡是一种自由，于是无路可走的人用结束一生来换取它。

九

为自由所建立的任何栅栏都是对自由的限制。当自由需要保护的时候，自由正失去它自己。保护自由的人其实是保护自己的利益，免得使自己的自由受损。

十

道德有时很光鲜，因为道德兑换自由的时候，把它包装和广告的成本都打进去了。用道德换取的自由总是很有限的，他必须谨小慎微地享受那份自由，否则，就会被自己的一个过错断送掉全部家业。相反，没有道德感的人，他们获取自由的成本要低贱得多。因为来得容易，有时也不够珍惜。很多人成为自由的挥霍者。

十一

我们不用担心那些挥霍自由的人比珍惜自由的人活得更好，因为自由的多少和生命存在的好坏并不成正比。生命存在的好坏与他为自由支付的成本成正比。当一个人为自己建一座高墙，他支付了建筑成本和人工成本。这有限的价值和他圈定的院子大小是对等的。而一个在山野里随便搭个茅棚住下来的人，因为他支付了自己一生的安全和冷暖，所以他获得了享用天地万物的机会。

十二

人与人的关系最终体现为利益关系。由利益决定的群体，规定了每个人享受自由的权利。就像股份，你投入的越多，分享自由的利润就越多。每个人都不能把自己多余的自由分给别人，但他可以帮助别人获得兑换自由的成本，以及识别自由成本的价值。

十三

群体存在的意义是大家的自由得到保护，这降低了个人自由的空间。可能个人自由在不自由的群体里会升值，但他发现自己的自由与某个群体自由不可分割的时候，就会萌生出更大的依赖感和满足感。我们发现个人自由对他变得不那么重要了，都源自他从中获得了超出自由价值的利益。

十四

人不是一个自由的存在物，人是利益的存在物。自由不能带给我们终极满足。作为利益，自由只是我们诸多需求的一部分。但当它的匮乏对利益造成重大损害的时候，人们会为了获取它而不惜一切。

十五

在自然界，自由就是生存的等价物。在人类社会，自由就是权利的等价物。人谋求自由就是在谋求存在的权利。向谁谋求？谁掌握着我们自由的权利？只有向利益谋求，或利益团体谋求。革命和战争是谋求这一权利的粗暴方式。粗暴并不体现行为的合理性，而是体现交易的紧迫性。革命和战争迫使一种不情愿或不公平的交易达成。因此，无论在自然界，还是人类社会，由于资源的匮乏，掠夺都不可避免地成为自由的表现。

十六

自由成为彼此伤害的理由，这不是自由的错，而是利益交换方式的错。但谁又能决定这种方式不发生错误呢？这意味着，我们要重新认识正义，我们看到，在正义的天平上，一方是利益价值，另一方是获取它最为强有力的手。

十七

人不一定都拥有黄金，以便换取更多的自由，于是人发明了艺术和知识。人通过艺术和知识兑换自由的方式与通过黄金兑付的方式差不多。只是，人们没有黄金的时候，把艺术和精神制作成了兑换利益的货币。

诗歌独立于精神之巅

回首当代诗歌百年发展，读到的是一些死者的名字。从史学角度来看，可歌可泣的人一定不少，从文本和经典角度看，我们则不无尴尬地承认，值得持续阅读的作品寥寥无几。文学宣示一个新时代的到来，总是从“革命”开始，到经典结束。当代诗歌虽经历了百年，但给我的感觉仍像一个蹒跚学步的幼童。从情感上说，一定有很多人反对我这一说法，的确，我承认当代诗歌来之不易，是一代又一代诗人用性命和苦难换来的，每一代诗人都怀着极大的真诚和热情，努力将当代诗歌带离困境，带上精神和艺术的高地。如果要列一个名单，我想我们都会一致同意在列出一些重要的诗人的同时，还要列出那些在译介外国诗歌上做出奉献的翻译家名字。肯定百年当代诗歌不是态度问题，而是时间问题。时间作为历史话语权的掌控者，它会按照自己的需要选择性肯定和遗忘，也会因为搁置，散尽语言的热度，让后人更冷静地评判对错得失。相对新文学革命一批先驱来说，我算是后人。如果非要对百年当代诗歌有个说法，作为当代诗写作的参与者，我认为：百年来唯一的成就，就是让诗歌回到诗歌本身。诗歌由工具论、体制写作、语言写作等，回归精神本源。今天的汉语诗歌虽然还不够“伟岸”，但已然独立于精神之巅。

这是百年新诗唯一正确的事，也是尚未完成的事。这件事直到上个世纪九十年代才露出端倪，直到近十年才名正言顺地被诗人纳入写作和生命实践。在此之前，当代诗歌背负各种责任一瘸一拐地跛行。

“革旧”与“新文学运动”

我们看到，胡适“国语的文学，文学的国语”将诗歌降低到“国语传播者”的地位。他的白话诗目的不在诗如何创新，只在乎语言是否“文”“白”。胡适是“革旧”派倡导者，他对古文的否定和对白话的倡导一度成为中国新诗贫弱的病根。后来相当长一段时间诗歌要求向民歌学习，要求浅显易懂，深究其源，都是胡适惹的祸。这一思想助长了中国人审美懒惰和贫乏。直到今天，人们还在为诗歌懂与不懂而争论。作为文学史学家，胡适毕竟懂得古典文学的内涵和精神价值，他在《建设的文学革命论》中试图通过强调一个时代有一个时代的文学，历史的经典文学虽今天不受欢迎，但不影响其历史的地位来纠正自己粗暴“革旧之命”的错误，但时代已容不得胡适反悔，而选择性地将其思想发展成“狂飙突进的思潮”。胡适为推广白话韵文亲自上阵，写了《尝试集》，或许这部集子可以称作最早的语言诗或实验诗，但其语言的粗陋实在不能称为诗。作为新诗的源头，《尝试集》徒有其名而已。

当年与胡适并肩战斗的“革旧”人物陈独秀今天被公认为新文学运动的领袖。他在“革旧”的态度上更加蛮横强硬。针对胡适提出的文学改良“八事”，他提出了“三大主义”，其主导思想是全面向欧洲学习，其主要革命对象是包括儒释道在内的一切传统思想、伦理、道德等旧文化。其文学革命原则是："推倒雕琢的阿谀的贵族文学，建设平易的抒情的国民文学；推倒陈腐的铺张的古典文学，建设新鲜的立诚的写实文学；推倒迂晦的艰涩的山林文学，建设明了的通俗的社会文学。"陈独秀在理论上思考要比胡适透彻，也比胡适更接近文学本身，自称："余甘冒全国学究之敌，高张'文学革命'大旗，以为吾友胡适之声援。"（《中国新文学运动史资料·文学革命论》，陈仲甫，光明书局，1924 年 4 月版），其实，他是这场文学革命的策划者，是陈独秀在编《新青年》时，邀请远在美国的胡适写了《文学改良刍议》一文，也由此揭开了中国新文学革命的序幕。

陈独秀"革旧"目的是"更新"文学。他反古与胡适的观点截然不同，这也是两个人后来分道扬镳的内在原因。陈独秀反古主要针对以下几点：1. 文犹师古；2. 文以载道；3. 尊古灭今，咬文嚼字；4. 文学缺乏真诚率直的性情作家代表；5. 文学缺乏启发性和新奇性，风格老旧。就以上观点来看，陈独秀是站在文学的角度谈文学创新的，而胡适是站在国语的角度谈文学作用的。

陈独秀的三大主义在当时也是有进步和启示意义的。他说："际兹文学革新之时代，凡属贵族文学、古典文学、山林文学均在排斥之列。"他给出的理由是："贵族文学藻饰依他，失独立自尊之气象也。古典文学铺张堆砌，失抒情写实之旨也。山林文学深晦艰涩，自以为名山著述，于其群之大多数无所裨益也。"以上为文病。

除此以外，还有："其形体（陈陈）相因，有肉无骨，有形无神，乃装饰品，而非实用品；其内容则目光不越帝王权贵，神仙鬼怪，及其个人之穷通利达。”以上为形病，不脱旧式，因循相续。

除此以外，还有：“所谓宇宙，所谓人生，所谓社会，举非其构思所及，此三种文学公同之缺点也。”以上为内容病。无病呻吟的根源在于没有新体验、新发现。又凡以上三种文学通病，故要革除。

陈独秀在对传统文学“开炮”的同时，其心中是有欧洲文学偶像的。他自称喜欢卢梭、雨果、左拉、康德、黑格尔、歌德、惠特曼、狄更斯、王尔德等。正是有这些国际哲学、文学大师做后盾，陈独秀才信誓旦旦地说：“有不愿迂儒之毁誉，明目张胆以与十八妖魔宣战者，予愿拖四十二生的大炮，为之前驱。”

当时，新文学运动不过出自几个人的谈论，其中包括陈独秀、刘半农、钱玄同、沈尹默、李大钊、胡适等人。新文学运动后来迅速扩大影响与陈独秀坚定不移推动的态度有直接关系。胡适在1917 年 4 月 9 日给陈独秀的信中说：“此事之是非，非一朝一夕所能定，亦非一二人所能定。甚愿中国人士能平心静气与吾辈同理研究此问题，讨论即熟，是非甚明。吾辈已张革命之旗，虽不容退缩，然亦不敢以吾辈所主张为必是而不容他人之匡正也。”

陈独秀在回信中明确表示：“鄙意容纳异义，自由讨论，固为学术发达之原则；独至改良中国文学当以白话为文学正宗之说，其是非甚明，必不容反对者有讨论之余地；必以吾辈所主张者为绝对之是而不容他人之匡正也。”

从以上的观点来看，尽管陈独秀不写诗，但陈独秀在文学理论上的主张可谓点燃了新文学之火，也可谓是打响文学回到文学本身征途的第一声发令枪。遗憾的是，后来的文学发展形势完全出乎陈独秀的预料，包括他自己的命运都变得凶险丛生。众所周知，诗歌后来变成了号角、投枪、匕首，以至于出现抗战的诗歌、革命的诗歌、工农兵诗歌等等。只要是阶级斗争的需要，诗歌可以是一切工具，唯独不是诗歌自己。新诗开始朝着背离自己的方向越走越远。

新文学运动中还有一个人不能不提，这个人就是钱玄同。他在革旧方面做得最突出的事就是倡导并参与简化了汉字。民国时期的汉字注音和今天的汉语拼音都曾有钱玄同的贡献。百年后的今天，胡适和陈独秀的预言都兑现了：今天，白话（普通话）成为文学的正宗语言；今天，我们使用被进一步简化的汉字。照理说，我们应该向这些前辈致敬感恩才是，奇怪的是，我的心里生不起这些念头。为什么？我觉得原因有以下几点：

1. 新文学运动实质是中国的价值观、美学观、艺术观等全面西化的过程。在中国几千年的历史中，这种全面自我否定的现象是从不曾有过的。这暴露出整个民族的不自信。一种出于民族自尊而生出的急于拉平和欧洲发达国家距离的想法使得一些接触西方文化的学者以不计代价的文化自毁自损，换取一点点外来的新奇。从这点来说，新文学革命的出现是中国文学的劫难，而非福音。这种简单粗暴的文化革命最终发展成“文化大革命”。“文化大革命”或许就是我们一开始倡导新文学革命就已经注定埋下的祸根和苦果。当我们站在今天回顾百年当代诗歌命运和民族命运时，我们将一直被定义为新中国文化进步象征的新文学运动与作为中国文化浩劫的“文化大革命”联系起来看待，其中从“革命”这个词中不难发现内在的因果关系。有些历史是让我们自豪的，有些历史是让我们警惕的。新文学革命就是一个值得我们警惕的历史。

2. 新文学革命存在诸多错误的观念。比如，把白话看作是新文学的生命。实际上，那个时代很多白话诗粗陋不堪。对白话的崇尚降低了诗歌本身的语言标准和审美标准，把本属于最高级语言的诗歌降低到粗俗的白话，损害了诗歌作为诗歌的尊严和生命，损害了审美的差异性和精神的高贵性，也由此降低了诗在民族精神与情感中的重要地位。又比如在全面西化的过程中，白话诗强行割裂了我们和母文化的联系，成为一个不能自持、幼稚羸弱的婴儿。实际上，白话诗在促使自己成长的过程中，付出了十分惨痛的代价。直到今天，我们的诗歌还不能完全被西方所认同，我们经历了几代人努力创作，仍然未能在国际诗歌发展中为当代汉语诗歌赢得足够的地位和尊重。其根源就在于，我们当代新诗脱胎于西方自由体诗歌。这就出现了一个十分尴尬的问题，如果我们考察百年新诗的传统，我们不得不承认那个传统不是我们自己的诗歌起源，而是西方自由体诗歌。

3. 革旧更新的思维模式对后世诗歌创新产生了极坏的影响。百年当代诗歌是在否定中行进的（并非符合胡适认为的进化论，有时是徘徊，有时则是极大地退步）。我们看到新文学革命否定古典文学，革命诗歌否定唯美，政治抒情诗否定个性和自由，后一代否定前一代等等。百年来，在诗歌方面，我们基本没有批评，包括艺术标准和评价体系的缺乏，我们有的一直是否定。否定与其说是求新的需要，不如说是势力争夺的必然。这意味着当代诗在回归自身的路上，是一路打杀过来的。所以，“先锋”一度是当代诗的代名词。这个过程直到近几年前才稍显平静，各种骂战和内斗其实从未停止。百年来，最应该成熟而今仍不成熟的就是诗人的精神和心性。

“革新”与“回归传统”

百年当代诗歌，其发展过程与社会的变迁密切相关。大致可以分为以下几个阶段。

第一个阶段，1917—1929，左联成立以前，影响当代诗歌创作的重大事件是“五四”和“五卅”反帝反封建学生运动，当代诗歌创作是在追求西方自由解放、否定传统经典中行进的；第二个阶段，1929—1949，影响当代诗歌创作的重大事件是抗日战争、解放战争和新中国成立，当代诗歌创作是在追求抗日救亡的革命诗歌、否定唯美诗歌中行进的；第三个阶段，1949—1966，影响当代诗歌创作的重大事件是社会主义文学理论建立和泛阶级斗争论的提出，当代诗歌创作是在服务无产阶级革命和社会主义建设，否定艺术多样性、个性中行进的；第四个阶段，1966—1976，影响当代诗歌写作的事件是“文化大革命”，当代诗歌是在死亡中行进的；第五个阶段，1976—1989，影响当代诗歌写作的重大事件是粉碎“四人帮”、改革开放，新诗是在全面展现精神复苏、否定意识形态中行进的；第六个阶段，1989—2000，影响新诗写作的重大事件是国家开始向市场化经济转型，当代诗歌创作是在追求个性写作、否定集体写作中行进的；第七个阶段，2000 年至今，影响当代诗歌创作的重大事件是进入互联网和手机自媒体时代，当代诗歌创作是在追求写作多样化、可能性，否定权威、经典，以及单调、僵化中行进的。

从面对西方文学的态度上来看，上个世纪80年代是继新文学革命之后第二个全面西化的阶段。这一次因为国民情绪经历了太久的压抑和禁锢，因此，自由体诗歌才真正成为自由的表达。这个阶段也是国民写诗人数最多的阶段。但这个阶段也仅仅到80年代末就结束了。回顾当代诗歌百年历程，我们一直高举自由体诗歌旗帜，其实，百年诗歌毫无自由可言。诗歌一直被某种命令或使命的东西驱赶着被动前行。在国家意志下，诗歌的自由是被授权的自由。意味着写作有规定的红线。我们都知道什么话将被禁止。可能现实中我们都习惯了在授权或规定的语言边界内写作，我们自命可以在诗歌中建立自己的王国，事实上，我们沉潜的心都承受了一定的屈辱。百年当代诗歌，我们就是在不自由中写自由体诗歌的。写自由体诗的人越来越多，说明感受到自己不自由的人越来越多。

在这样的过程中，我们发现，当代诗歌并非处在时刻求新的创作过程中，很多时候，创新是一种罪过，被批评为标新立异、资产阶级情调、腐朽堕落情怀等等。除了在新文学革命时期，创新是诗歌写作中的主要命题以外，后来，创新非但不是好诗的标准，反而是坏诗的标准。专门有一批人挑拣富有创新意识的诗人，去革他们的“命”。革新在当代诗歌发展史上，有着特有的定义。这种来自诗歌之外权力的压制始终没有缺席过。不过，在诗歌写作本身，诗人也曾自觉地萌生出“革新图旧”的意识，并付诸写作实践。这一意识大致起始于 20 世纪 90 年代中后期。当中国诗人对西方的现代文学理念和诗歌流派普遍实践之后，有民族责任感的诗人开始意识到本土写作和中国传统文化的价值。当代诗歌创新的内驱力首次由外求转向内求。人们通过运用口语、方言，强化语言的本土特色，通过建立与古代诗人的精神谱系，使得新诗更富有中国情怀和文化特色。甚至，重新评估被一直否定的历史经典，用自己的眼光和阅历重新建立与传统经典之间的关系，依靠个人语言修复被白话损伤的精美汉语，使当代诗歌语言依旧保持古代以来汉语的优雅、灵动、精巧和丰富多彩。

百年来，我们终于有自信和能力，面对世界文学，以我们自己的方式说话。当代汉语，纵然还不够成熟，在承载力和表现力上都存在缺陷，甚至，粗陋和政治话语影响是其顽固的硬伤，但是，诗人在诗歌创作中正不断展现出汉语之光。这是诗歌回到诗歌本身的主要特征。肯定百年当代诗歌不等于肯定每一个新诗写作者，相反，我们正树立淘汰劣作的标准和规则。今天回头看，百年的当代诗写作，值得重复阅读的作品并不多。我们不是变得狂妄了，而是变得更像一个行家——诗歌终于不再需要别人或别的力量（包括读者）来决定其存在价值了。诗歌已经形成了它自己取舍的眼光和标准。

揭去披在当代诗歌上的“新”字外衣

在写这篇文章时，我有意回避使用树才兄在约稿函命题中提到的“新诗百年”概念。回避“新诗”这个概念，有两点原因，一个是这个“新”字带有强烈的意识形态特征，一个是名不副实。“新诗”被一个假相所蒙蔽，至今未揭开。这个假相就是“新”字。当我们看到这个字时，我们自然会想到“新郎”“新娘”“新年”“新春”“新社会”等等。中国文字的“新”并不等于别样，别样叫“异”。“新”常常是同一事物的翻版。“新诗”就有这样的问题，百年来，我们见到的多半是“翻版式”的“新”，而不是“异样”的“新”。这种翻版有的是语言上的，比如“白话”，古代也有白话诗，况且比今天翻版的还好。比如浪漫主义，新文学革命先驱们提出向浪漫主义抒情学习，就世界当代诗歌发展而言，这其实是一种倒退。现代诗歌是从反浪漫主义抒情开始的，而我们却把别人丢弃的过时东西当作至宝。又比如，我们对西方艺术的翻版，从理论到文本形式，从技术到诗人精神气息，几乎都是师从西方的。在接受西方影响的选择上，我们几乎是膜拜式的。我们对自己被“复制”成某个西方大师的语言方式感到沾沾自喜和荣耀。诗歌中最重要的价值是其独特性，而我们从“翻版”中看到的“新”并不具有这种品质。最主要的是，建立在西方艺术理念下的“新诗”，只要我们动摇对西方艺术理念的信赖，就动摇了所谓的“百年新诗”的基础。

所谓的“新”常常成为一种先在的话语权，写作的模式化正在“新”的掩盖下被合法化，并享有某种特权。在百年当代诗歌创作中，绝大多数时间，我们所做的都不过是对诗与非诗的辨认。在这个过程中，存在着广场演讲式写作、宣誓性写作、礼堂报告式写作、会议室训导式写作。危害最为深重的是广场演讲式写作和会议室训导式写作。广场演讲式写作用一个词表达叫“鼓噪”，会议室训导式写作用一个词表达叫“训教”。当代诗歌经历了两次重大的“鼓噪”，一次是“新文学革命运动”，一次是“粉碎‘四人帮’”。这两次“鼓噪”都导致全民对“新诗”“疯狂”。这是最为典型的对诗歌创作和审美的暴力干预。

“鼓噪”是对问题和理想的放大，除了“鼓噪”者自身心虚外，“鼓噪”是在面对现实时一种虚伪的应对。理想转移了人们对当下关注的目光，使得一些真相被忽略，甚至掩盖。这恰恰是魔术师和骗子常用的伎俩。今天，我们要从“鼓噪”中深深地吸取教训。

当代诗歌另一种危害巨大的写作就是“训教”。包括浪漫主义的理想化诱导，现实主义的正义化标榜，宗教的教旨与布道，政治的献媚赞颂与恫吓等等，都可以看作是“训教”式写作。

“训教”是某些人畏惧未知和冒险（这正好和创新的使命相背离），对某些保守的，或者稳妥路径的依从。这些人对旧东西的信赖远胜于接受新的事物。他们表现出的选择谨慎性反映出内心的怯懦。“训教”式写作无论是哲学格言式的，还是道德“美化”式的，甚至是宗教布道式，都不过是刺眼的射灯。当你直视它的时候，你的眼前就会被集中的光束刺得什么也看不清。这是“训教”式写作致命的问题所在，因为你相信光，于是，你的眼睛被光夺走了判断力和分辨力。在所谓的“新诗”中，这两种写作是具有欺骗性的，也容易借着“新诗”之名，名利双收。

客观上说，创新是诗歌写作面临的永恒问题。但新不是一个绝对的概念，而是一个相对的概念。白话在一九一七年相对古诗可以称为新，在今天看来却是过时的作品，甚至都没有资格作古。今天，我们所建立的写作方式，既不是相对古典诗歌或古文而存在的“白话”写作，也不是相对否定中国因素，基于全面西化的“新文学革命”写作，我们是在一种高度的语言和文化融合中，逐步提炼出汉诗特点的写作。这样的写作不是一个“新”字所能涵盖的，相反，这个“新”字只能遮蔽、混淆内在的丰富性和差异性，忽略诗人个体在此期间发挥的不可或缺的作用。又何况，基于一种历史事实，在我们百年的创作历程中，有多少时代是崇尚创新的时代？有多少作品堪称创新之作？爱伦·坡当年指责朗费罗复制浪漫主义情调，将其写作斥之为“抄袭”，于是开美国新诗写作之先河；波德莱尔大声地说：“浪漫主义达到了巅峰，意味着要下落了，让我写点别的。”于是，开法国象征主义诗歌写作之新时代；兰波对两千多年的欧洲写作，归纳为不过是一些押韵的文字，于是，身体力行“通灵”写作，将行为写作引入到诗歌之中……真正的创新是靠杰出的诗人和杰出的作品共同来标记的，我们把百年的诗歌统称为“新诗”，那标记我们创新的诗人是谁？代表的经典作品又是哪一部？

“新诗百年”这样的定义，要么是意识形态思维所致，新社会对应的诗歌写作必是新诗（体制诗歌）；要么是自我安慰：我们所做的是一项前无古人的事业，我们每一次下笔都是对历史的超越。我们可以允许语言谵妄，但不等于我们接受被谵妄扭曲的事实。

诗歌写作不再需要目的和理由

近几年，在诗歌写作中，“先锋”这个词不常被提起了。但“先锋”写作留有“后遗症”，就是有些人总要给自己找一个对立面才能下笔。20世纪80年代之后，随着诗人从光环笼罩的舞台上迅速退场，写诗不再是一个关乎声誉和名望的事，而是仅仅关乎自己灵魂的事。这是诗歌回到诗歌本身迈出的最重要一步。这一步是从80年代末之后开始的，诗歌写作真正走向民间化、个人化、个性化。当整个社会开始向“钱”看时，诗人仍坚持诗歌写作，只能有一个解释，就是诗人做着他命定中的事。当写诗成为社会嘲笑的对象、诗人自杀成为负面新闻被炒作的时候，当政府推动“五个一”文学工程中不包括诗歌的时候，诗歌迎来了他渴盼已久的最佳成长期——诗歌回到了诗歌本身！那些对诗歌有着深刻洞见和创作天赋的诗人，开始悄悄地打牢自己诗歌的根基，通过将写作变成生存方式，而把诗歌的文本形式和生存形式逐步合一。人们越来越看清“反意识形态写作”的局限性，看清“白话”或“口语”写作的本质，看清自己和中国古典传统之间不可割裂的因缘关系，看清一种独立的诗歌文本和诗人独立的诗歌精神存在的重要性。这期间，民间诗歌刊物的迅速增多和互联网诗歌论坛的开设，打破了过去一直由文学刊物通过发表来裁定作品好坏的评判标准，诗人不再仰“编辑”们的鼻息，随时将作品发表出来。正是在这个时候，诗人们创作的自由和个性得到了充分的尊重和释放。百年来，诗歌终于迎来了它创作的黄金时代。这个时代，诗歌写作不再需要被过度关注，不再需要目的和理由，写作本身就是目的和理由。诗歌写作不再关乎宏大叙事、使命、民族兴衰等虚假主题，甚至，如尼采所说：“根本没有什么精神的原因！”诗歌写作仅仅是诗人基于诗意人生的某个行为，是他对自我钟情的生存方式选择的结果。写作不会成为更多群体“活着”的模式或范本，那份“经验”只有极少数的人能够看到与众不同的价值。也仅仅是与众不同：经由写作，投射出诗人的自我、精神、意志等“内心事实”。

在这个时候，诗人们终于走出了长期笼罩的政治阴影（体制写作），把贯穿古今的汉语（母语）视同为自己的祖国；诗人们终于不再受制于道德的绑架，真实地袒露自己的痛苦、焦虑、欲望、性，以及颓废和堕落的念头；诗人们不再听信新文学革命先驱们的胡言乱语，而在中西文化中选择自己钟情的精神导师，包括对儒释道精神的深度回归；诗人们不再受权力话语的干扰和魅惑，而坚持维护自己发声的权利，在诚实和真实的层面，做到人格的纯粹和透明；诗人们可以基于趣味，从事各种各样语言游戏和尝试，甚至，通过游戏作出惊世骇俗、纯粹的“蠢事”。他们并不想借助诗歌将自己打扮成人格完美的人，或者有责任感的人，他们在游戏里藏着对未来的预见、对当下的忍耐、对处理各种复杂关系必有的狡猾、伪装、克制，不避讳承认自己是个弱者，甚至一个内心藏着黑暗和绝望的人。

在这个时代，诗人们废除了更多的戒条，以及陈腐的观念。比如诗人不再相信“革命”的创新逻辑，认为这不过是“混蛋”与“混蛋”一争高下的逻辑；诗人不再相信对社会和道德担负责任，诗人的最高义务就是对语言的责任；诗人不再相信经验的有效性，认为虚构是另一种真实，且是最高的真实；诗人不再一味地信奉诗歌是从灵魂开始，而最终归于灵魂的，而是相信诗歌是从肉体开始，回归于躯体的需求；诗人不再相信温情、高尚、信仰才是诗歌永恒的主题，而是更愿意触动随意性、偶然事件、非主流、枝蔓、不确定的东西。诗人不再为诗歌是否名垂千古而忧虑，他们在即兴的创作和行为中，毫不吝惜地挥霍自己的天才。他们享受当下挥霍的快感。当然，在这个时代，也有怀着宏大理想而写作的诗人，也有怀着悲天悯人、感天动地之圣心而写作的诗人，也有把自己的一生都当作实验品加以投注的语言探索者，这些诗人构成了今天写作多元化的图景。没有谁敢声称是诗坛的领袖，没有谁敢轻言未来的诗歌发展趋势，诗歌写作完全脱离了诗歌百年的路径，他基本和早期诗歌发展没有什么必然的关系。

百年来，纵观中外诗歌发展，我们越来越相信诗歌永远不是某种权力的附庸，它就是为取消权威性而存在的。天才诗人成功的秘诀就是最大化地在创作和行动中挥霍掉自己，谁做得彻底，谁就是伟大的诗人。诗被纳入文化的层面谈论，等于把一个天使降低到妓女来看待，诗并不为这个世界提供可资使用的文化工具，相反，它提供看破这些文化平庸粗俗的慧眼。时代总是年轻的、稚嫩的、不可靠的，重要的诗歌不是对人们优越感和高尚情怀的礼赞，而是对人性晦暗与懦弱的体验、洞察、呈现与尊重。诗歌不为时代代言，但诗歌永远为人性代言。

诗歌是一种精神现象

诗歌是一种精神现象并不是指诗歌作为一种理想和梦的存在（柏拉图），也不是指“酒神”“日神”的自然本能（尼采），抑或诗意地生存（海德格尔），以及肉体的图示（梅洛·庞蒂）。

诗歌是一种精神现象仅仅就当代汉语诗歌写作而言，挣脱诸多非诗重负后，对自身的回归。它意味着当代诗歌写作在精神需求和审美需求上，已经超越了膜拜西方的阶段，在艺术的价值取向上实现了自我界定；意味着取消了意识形态对人精神的禁锢，写作在尊重和符合诗人内心真实的层面，趋向多元化和个性化；意味着由单向价值链构筑的诗歌发展链条被突然铺展的多向度立体写作景观所取代，当代诗歌发展的传统在终结中被改写；也意味着汉语诗歌不再拘束于 1917 年以来对“新诗”的界定，而在包括古典诗歌在内的更庞大的汉语诗歌体系下重新构建当代汉语诗歌的美学空间和精神向度。

我们不能再简单地把当代诗歌的写作分类为朦胧诗时代、第三代、第四代，也不能简单地划分为民间写作和知识分子写作，这些划分现在看来无助于甄别写作个体的差别，无助于发现并肯定那些默默无闻的优秀写作者。强调诗歌是一种精神现象就是要纠正那些来自非艺术性评判对写作的价值界定，比如代际理论人为造成的写作差异观；就是要在文本和生存的双重关照下，检验诗歌写作者的真诚与才华；就是要基于可能性，去除对经典和名望的迷惑，不断把写作推向未知，实现精神和语言的双重历险。如果不是苛刻地对“自由”一词加以深究，我们有足够的事实证明，这是当代汉语诗歌写作相对自由的时代。比如，部分诗人，涵盖 20 世纪 60 年代、70 年代、80 年代等不同代际，开始进入灵魂写作阶段。

只有精神自足的人才具备灵魂写作的条件。这些写作者并不把是否超越前辈（PASS）看作是自己写作的动力，也不把类似“诗到语言为止"的写作观念当作写作的目的，而是在写作中实现灵魂的自为。正如古希腊人身上拥有的"美丽灵魂"，俄罗斯白银时代艺术家所有的"对艺术的忠贞"，灵魂写作的诗人多为向内求的完美主义者。这种内求是排除了外部干扰后对内心的回归；是超越外部局限对灵魂的自我纵容和释放；是对生命自主、自由、自在状态的抵达。尽管从冲突方式上看，这种灵魂写作体现的是防卫机制，但在释放内心强力意志上携带着不可阻遏的冲击力。这说明凡是进入灵魂写作的诗人未必是犬儒的、隐遁的，或者和当下和解的，而是显露出某种不妥协的极端选择——敌意的最高状态，即取消对立面的存在。

但灵魂写作并不耽于对完美的追求，也接受弱小和颓废。灵魂写作是基于对人性真实地呈现和尊重；是基于从人出发又回到人本身的写作。在这里，对于人天性的重视表现为对人存在欲望和权利的尊重。当然，我们也必须承认，今天，当代汉语诗歌尚未出现令我们信服的灵魂写作诗人和文本。我们常常看到骄傲自负的诗人，看到名扬天下的诗人，看到集多种奖项于一身的诗人，看到自绝生命或夭折的诗人，但是纯粹的灵魂写作诗人及作品却依旧匮乏。

相对于灵魂写作的匮乏而言，语言写作却随处可见，有的人沿着由词到词的路径追逐意义的衍生；有的人由字到字，追逐人与物内在的命名与言说关系。这些基于语言本身的探索可以统归为技术写作或游戏写作。游戏是人类精神不可或缺的需求之一，当代诗歌的游戏性是取消工具论（实用性）后对唯美的回归；是取消了神圣性和庄重性（使命和责任）后，对诗人个人趣味的尊重；是取消了人对终极死亡困惑后，实现心灵当下的解脱与安顿。用尼采的观点来看，这种游戏性写作至少体现了以下几个特点。一是写作带有鲜明的个人色彩，包括个人的经验、喜好、习惯、信仰和话语方式，表现为一种综合的话语意志；二是追求创作过程的愉悦胜于追求作品的不朽。尼采把这种愉悦定义为“醉”，是一种身和心同时达到“高潮”的快感。三是不在集体话语下理解诗歌的荣誉、尊严和责任，而是在个人语境下实现话语和个人命运的深度契合。正如笛卡尔所说：“我思故我在！”诗人则说：“我写故我在！”

当然，今天，诗人也许会基于自己的趣味需求和处境不同，持有截然不同的主张，比如诗歌是一种语言现象、诗歌是一种地域现象、诗歌是一种思、诗歌是一种持久的斗争、诗歌是一种对虚无的创造、诗歌是一种多余的废话等等，这些对诗歌的界定反映出人们内心对诗歌需求的差异性，表现为精神活动的多元共存，也从侧面透视出诗人在对诗歌认知差异化的背后深藏着对个人价值、独立存在精神的共同追求。

值得关注的一个重要的诗歌写作倾向就是，在当下诗人中，存在一大批颓废和才华挥霍的写作者。他们不再相信诗歌具有对精神的拯救能力，从根本上就放弃对诗歌的一切寄托（灵魂家园、彼岸、准宗教等等），基于虚拟网络世界的云思维，将现实等同于虚拟的世界，并以一种拒绝负责任的方式放任对道德的坚守、对秩序的尊重，而选择溃败、堕落、逃避、消费，甚至绝望。这样的写作正在被诗歌所接受，不仅仅是一种客观上对写作权利的认同，更表现出对新一代人内心事实的高度好奇。我们看到，凡是被道德所忽略的，凡是被传统诗歌观念所批判甚至所拒绝的东西都可能是诗歌极好的素材。诗歌纵容精神强大的人，借助写作实现自为、自在，诗歌也容留那些无望的人、无路可投的人作为栖身之所。这意味着，诗歌不再仅仅是殿堂，他还是路边小旅馆，甚至是流浪汉寄身的地铁口、桥洞、废弃的市政设施、面临拆毁的空楼等等。我们不再只关注诗歌的高雅与华丽，我们更关注诗歌的卑贱和褴褛。

为什么诗歌要这样写？没有更好的解释和理由，因为这一切都不过是人存在的事实。诗歌回到诗歌本身，就是写作回到人本身。我们对文本的最大真诚与忠诚，就是面对人存在的现实不说假话。

这个时代，当诗人不再骄傲地活着时，他们将选择骄傲地死去。

【参考文献】

1.《中国新文学运动史资料》，张若英编，光明书局，民国二十三年初版；

2.《西方现代派文学问题论争集》，何望贤编选，人民文学出版社（内部发行），1984 年 2 月版；

3.《偶像的黄昏》，尼采，周国平译，光明日报出版社，1996 年 9 月第 1 版；

4.《我们如何看待百年新诗？》诗人对话，柏桦、车前子、小海、桑克、李德武，2007 年 12 月，刊于 2008 星星理论专号；

5.《九十年代的诗歌写作特征》，李德武，李德武诗文集，文汇出版社 2015 年版。

寻常

用内力念出一个长音
不可思议的咒语
冬青吐绿
我跨过好与坏的界限
光迈过它制造的阴影

回答《飞地》访谈：关于逸乐之诗

1. 你认为一名诗人最理想的职业应该是什么？并请说说理由。

李德武：这一问题的答案因人而异。就我个人而言，我做过大学教师、政府职员、自由撰稿人和保险公司高管。比较来看，较理想的工作还是在大学教书，虽然也在体制内，但工作和我热爱的文学不相抵触，也有足够的时间和自由让我阅读写作。

本来做自由撰稿人是我一直梦想的工作。2002 年 10 月，我如愿离开了一切体制。我只和文字保留着相依为命的契约关系，终于可以自由地旅游、阅读、观察、冥想和创作。但自由撰稿人的收入极其微薄，也不固定。我的轻松却让家人承受了无法想象的压力。顾及到我对家庭的责任，一个偶然的机会，我进了保险公司。

诗人身上有两种东西最为珍贵，一个是人格的独立性，一个是精神的自由性。这两种东西决定了诗人是一切体制和机制的反对者。歌德曾总结说："才能是在合群中培养的，而天才是在离群索居中培养的。"职业这个词是机制的产物，它指向庸常和俗利，指向对团体的参与和自我个性的毁损。就此而言，诗人选择什么样的职业都不会感到理想。但事实上，诗人境遇和遭际的不同构成诗人自己的宿命。我们看到残酷的生活带给诗人的并非只是天性和才华的毁灭，也有创造力和超凡精神的激发。我是说，诗歌写作就是一种人生历险，选择做诗人就要担负起来自现实生活的种种考验。

当然，在用生命写作的诗人面前，我们谈论这些未免显得“世故”。我更愿意在写作的层面来看待诗人的生存方式。比如波德莱尔、兰波选择做“浪荡子”，以此成就他们的诗歌写作；比如弗罗斯特离开城市，选择经营农场，来培育他的乡土语言和贤哲精神。在这些诗人中，生活方式并不游离在写作之外，而是前写作，是写作的有机组成部分。生存方式营造了属于诗人风格的语境，是元语言的产生土壤。这样看，职业就不单单是一个谋生的手段，而是创作的手段。它可以是前景与背景式的结构，也可以是去除修辞后的词根。我们在阅读诗人的作品时，不可回避地要阅读他的生存方式，我们把生存方式提升到艺术审美的高度来审视。对此，我们会看到一个诗人的作品和他生存方式之间的关系是一致性的，还是游离的；是互相印证的，还是对抗互否的；是整体性的，还是碎片式的。正如米沃什把弗罗斯特看作是一个“戴面具写作的诗人”，我们不仅透过生存方式，可以扩大对文本细读，也可以窥伺一个诗人内在的写作秘密和纯粹性。

2. 你的写作是否曾因生活方面的原因而中断过？这里头有些什么故事呢？

李德武：写作被工作打断是经常的事。没有完整的时间让我安心于创作，有时，走路上班我会在路上观察构思。周末，我喜欢一个人游走，在散步中让被禁锢的心放松，并回归自己。工作就像铡草机，一旦进入，就无法脱身。你会被强行推入到刀口，把一切与工作不吻合的想法斩断。写作是对心灵的拯救。尽管不停地被打断，但还是要继续写作。为了避免每天都处在痛苦中，后来我调整写作策略，在状态好的时候，集中精力创作组诗。我会在一段时间内保持非常好的创作状态，一口气把想写的都写出来。

2005 年，我对保险公司的工作承受力已接近底线。在我痛苦不堪的时候，国庆节长假来临。我迫切想从城市消失，找一个僻静的地方写诗。朋友帮我联系了太湖西山的雕花楼。我带上电脑，连招呼都没和家人打就走了。在那里，我住了六天，完成了组诗《堂里村》。最后一天，我受屋檐上的滴水点化，突然明白了生命在宇宙间的渺小。那一刻，我消除了作为诗人所秉持的自负和谵妄。我想，我不过是一滴水，流与止皆顺从江山的指引。写完后，我满心欢喜，本来还可以再住一天，却觉得没有必要了，欣然告别朋友回到城市。

3. 写作带给你怎样的愉悦或价值实现?

李德武：我曾问过吕德安写完一首诗时的感受，他说："感觉一口气又活过来了！"正是这样，我感谢诗歌，让我一次又一次起死回生。写作是孤独的，但完成一首诗，我就不再感到孤单。

4. 写作带给你的愉悦或价值实现，与职业生涯或日常生活带给你的有什么不同?

李德武: 从满足感看, 职业生涯和日常生活的愉悦是“还债”, 而写作的愉悦是“拓荒”。“还债”是心无负累。“拓荒”是超凡脱俗。从语言上来说, “还债”是廓清语言边界, 识别可言说的部分; “拓荒”是去除语言边界, 抵达不可言说的世界。

通常, 诗人介于可言说与不可言说之间(半俗半雅)。从功能上来看, 有边界语言是一种机制(俗世的), 生活不断接受语言规约(账单)。生活乏味、单调, 通常是语言陈腐僵化的结果。福柯说, 有语言的地方就有权力。这体现了语言超出交流之外的规约功能。去语言边界化就是不断突破语言藩篱, 从可言说的世界进入到不可言说的世界, 即艺术和精神的世界(脱俗)。

5. 你如何看待文学的现实承担性?

李德武: 现实是一个场景化的词, 它指向的不确定性比它烂熟的面孔还要模糊。在现代艺术发生之前, 诗人们都对“现实”怀着暧昧和不切实际的幻想。“现实”在诗人心中还是一个有着整体性的认识, 伴随着哲学、道德和宗教的存在, 形成了具有传承意志的使命感。他们总是希望自己能够为“现实”勾勒一幅发展蓝图, 要么规划设计“现实”, 要么试图纠正“现实”。诗人和“现实”之间构成的是某种同谋关系。正如中国的“载道派”, 把文学的有用性当作主要目的。波德莱尔的出现, 让诗人改变了处理“现实”的方式。他拒绝成为有用的人。他认为“有用的人是某种丑恶的东西”。他不仅把对抗世界作为诗歌精神，还探索出了语言创造“现实”的新路径。首先，象征主义将梦纳入文学，摆脱了以往诗歌对现实，包括自然的依从。其次，他把对“现实”关注的焦点从社会提升到语言本身。波德莱尔指出：“语言不仅是一种工具，也是一种目的。语言创造了世界。语言创造了‘第二现实’。”

第三，语言炼金术摒弃了客观、准确描写外部现实的做法，而寻求展现那不可说的部分。这是现代艺术的主要特征：不是被动地呈现或担负现实，而是通过语言创造现实。这意味着梦也是一种现实，虚构也是一种现实，狂乱下的迷醉和随机的碎片叠加都是一种现实。“现实”在现代艺术家眼里不仅是一个已然的存在，还是一种可能的存在。诗人在叙述“现实”时来自于感官和内心的判断，远远要大于对某种客观事件的描摹。甚至，在艺术中最高的“现实”就是虚构。波德莱尔之后，诗人不再指望通过诗歌建造一个可栖居的世界（这也正是浪漫主义诗歌终结的标志），他只是营造出一个可供体验的世界。体验！体验！通过体验，我们不断唤醒被忽略的内心“现实”，唤醒长期处在麻木状态下的思想与感觉，唤醒被某种社会公共文化催眠的心。诗人把他的发现分享给不同的人。这些新奇的体验会让读者改变对无聊生活的兴趣，找到属于他们自己对生活的感知。这就是当代诗人对“现实”担负的责任。在这之外，如果不是出自本心愿意，他不需要接受某种道义和道德的绑架，违心地履行某种责任。他知道语言创造的世界就是当下的真实世界。

6. 请谈谈你的城市(或乡村)生活在诗歌创作里的投射。换句话说，除了思考与文本游戏的部分外，诗在什么程度上体现着你的生活方式的内容?

李德武：诗人无法回避他生存的环境。故乡（出生地）是校正语言的准星，无论走到哪里，他都会在乡音或村庄的记忆中回到温暖的原点。故乡，那恬淡、素朴的田园风光中永远都充盈着柔情缱绻的眷恋，隐藏在诗人的内心深处，成为随时怀旧的密码。我内心生不起高贵和奢华之念，可能都是因为我的故乡是素朴的。

我的第二故乡是哈尔滨，一个十分年轻而洋气的城市。他有一个别名，叫东方小巴黎。1980年，我怀着朦胧的梦想来到哈尔滨，在这里我见到了风格各异的美丽建筑，见到了高贵、华丽的拜占庭式东正教堂，见到了方解石铺就的马路和冰雪创造的童话般的世界。一度我为自己生活在哈尔滨而洋洋自得。我的诗歌写作起步于这座城市，也受启于这座城市荟萃的世界建筑文化。这座城市让我获得了一种开放的胸襟和视野。2002年以前的诗歌，无不和这座城市有关。在这座城市，我经历了青春期的迷惑和选择，经历了爱情和失败，经历了成长的痛苦和艰辛。这些生命的经历和感受都被我转化为诗歌。在充满现代艺术气息的哈尔滨，我从未感到自己是个异乡人。人生的挫败一次又一次把我和诗歌拉近，我把一生的前途都押在诗歌上。

2002年8月，我举家迁往苏州。这次由北至南的迁徙，对我的人生和写作产生了重大改变。我由迷恋现代和后现代艺术，开始转入迷恋传统；我由一个把个人主义、自由主义奉为信条的人转变成一个佛徒和禅修者。苏州这座古老的城市，无处不充满着传统文化的浓郁气息。她诗意的园林，宁静的老街水乡，雅致精巧的百工，以及丰富细腻的日常生活都让我领略到传统文化的强大魅力。14 年来，我已经深深爱上这座城市。令我迷恋和敬畏的并非是她在经济上的发达程度，而是她千年以来绵延不衰的传统文化气脉。苏州尽管在经济上有一种向外扩张之势，但在传统文化上，却是内敛的、含蓄的、自觉和自足的。既有一种强大内功支撑下的淡定和从容，又有一种非宏大和庄重的日常雅致。苏州是我见到为数不多的把诗意生活当作人生最高目标的城市之一。尽管这座城市也难免存在刻意、讨巧、自恋、怀旧等陈腐气息，甚至是糜烂和颓废的享乐现象，我仍然对它充满敬意。有时，我在夜里去石湖边散步，上方山朦胧的黛影、楞伽塔的钟声、湖水的微波和若隐若现的星光，让我感觉自己和众神同居一地。

7．诗对你来说，是一种本质性的精神存在，还是生活的冗余产出或附属物？换句话说，诗对你有多重要？

李德武：诗是我内心自觉的方式；是我和世界交流最值得信赖的语言。诗曾是我一生最高的目的，现在，我把它降低到当下的呼吸和心跳。它不是因为我写作才存在，它贯穿在我生命的始终。我不希望借助诗歌获得任何额外的荣誉，我诗意地生活，这已足够。

8. 你更关注自己诗里所表达的具体内容，还是表达形成的过程

所带来的乐趣?

李德武：这二者密不可分。甚至，在对内容关注的同时，我也要关注表达内容的方式、角度、策略和效果。如果我写一首平庸的诗，非但没有创作的乐趣，反而会失望。寻找一个恰当的词并不是一件容易的事，创作的折磨是必不可少的。没有创作的折磨，也就没有作品完成后的欢喜和重生。

9. 古人论诗说，“欢愉之辞难工，愁苦之音易好”，这种论断在当代诗的写作中并非全然失效。请举自己作品的例子来谈谈，应和、反对或调整这个论断。

李德武：这句话出自韩愈《荆潭唱和诗序》。前面还有两句，是：“夫和平之音淡薄，而愁思之声要妙。”此四句是论诗的。后面还有论文的。该文是韩愈的应景之作，并非专门的诗论。故知此言作为诗论并不是什么高论，不过是常识而已。以常识之言作序，也看出韩愈对作者诗歌品质的态度，将轻蔑寓于不言之中。

韩愈是唐代古文运动倡导者。韩愈通古，不容置疑，不仅文通，诗也通。这几句话之所以是常识，皆因为诗自古至唐的延脉建立了评价的参考系。古诗多为“感于哀乐，缘事而发”，且广为流传的多是描写下层人悲苦生活的作品。《诗经》《乐府诗》和《古诗十九首》建立了后来诗歌创作的经典。后人拟古风绵延不绝。诗歌逐渐形成模式化写作，甚至在题材上也超不出伤时、相思、离别、客愁，以及愤世、嫉俗等。这种风气不好在于出现了很多

“为赋新词强说愁”的作品，好处是普及了诗歌写作知识和技法。韩愈说这句话就像我们现在的大学教授，给一个普通作者讲诗歌知识和技巧。但韩愈自己写诗，或与柳宗元论诗时却少有这样的陈词滥调。

韩愈对唐代诗歌评价是有偏见的。其实，唐代诗歌中欢愉诗非常普及，并达到了很高的艺术成就。这种欢愉诗就是因佛法兴盛和禅宗普及，在古诗的源流之外，新生出的另一流派，即禅诗。佛法是解脱之法，因此禅诗表达的是大自在、大欢喜。把这一流派诗歌带入巅峰的诗人是王维。由于韩愈倡导复古，反对外来的佛教文化，所以，他有意无视这一成就。

禅宗对唐代诗歌影响至少有以下四个方面。第一，禅宗不立文字，重在意会，拓宽了诗歌语言的表达向度，也让语言更为简明。如：王维的《辛夷坞》：“木末芙蓉花，山中发红萼。涧户寂无人，纷纷开且落。”这首诗没有“我”的主观意志和情感，也没有关于人生冷暖、生死悲欢的慨叹，呈现了生命自在无碍、宁静安详的状态。

第二，禅宗即心即佛的思想，为诗人提供了观察体验生活的新路径，让诗歌不拘一格。如贾岛《访隐者不遇》：松下问童子，言师采药去。只在此山中，云深不知处。为何不遇？不是因为云深林密，而是因为入得此山，皆为隐者，何须再寻？

第三，参禅修行成为多数诗人的日常生活，也是他们精神和心灵的归处。盛唐王维号称“诗佛”，他受母亲影响，从小礼佛，中年宴坐蔬食，晚年长斋。裴休则一生奉佛，公余之暇还与僧人讲论佛理，他曾迎黄檗希运禅师至州治的龙兴寺，著有《筠州黄檗山断际禅师传心法要》一文。即使以道、儒著称的诗人李白、杜甫，也习禅。

至中晚唐，元稹、白居易、柳宗元、刘禹锡、贾岛、姚合、李商隐、温庭筠，没有不涉及禅学的。柳宗元中年亲佛，《送选人赴中丞叔父召序》自云：“自幼学佛，求其道，积三十年。”刘禹锡早年曾拜名僧皎然和灵澈为师，中年与僧元、浩初、惟良等往来。可见，唐代诗人习禅的普遍性。

第四，唐代僧人以诗悟道传法，丰富了诗歌的承载职能。典型如寒山子的诗，其特点，一是境界超迈，自在无碍；二是安静寂然，清净欢喜；三是言语简明，理趣兼备。除此之外还有王梵志、拾得、丰干、庞蕴、灵澈、皎然、贯休、齐己等等。诗僧作品成了唐诗中另一朵瑰丽奇葩。

仅就禅诗而言，说“欢愉之辞难工”是不对的。唐诗中禅诗经典作品俯拾皆是。说明这一写作技法已十分成熟。但我们没有发现禅诗就是欢愉诗。我们对诗歌传统的认识仍停留在“惯性”认识上。不过，禅诗的欢愉和世俗的欢愉有所不同，需要诗人明心见性。这样的欢愉不像穷苦能装出来，所以诗词要想“工”倒着实不容易。

10. 在观念上，“逸乐”这种文学价值常常和诸如才子气、名士风流或者南方审美之类的词汇或地域性文化相关联。但反例也无处不在。请结合你自身的情况，谈谈对这种文学价值的认同或批评。

李德武："逸乐"是一个不错的词，但基于我的陋见，我感觉有被庸俗化的现象。庸俗对于散文作者或民间文化研究者来说，不算坏东西，可能那恰恰是他们渴望发现和追求的。我对李孝悌先生的文章读得不多，原则上没有发言权。柏桦兄《水绘仙侣》第三稿完成后，曾连同江弱水兄的序文一并寄给我。我有幸在这本诗集出版前就阅读了全部内容。我理解柏桦兄的努力，敬佩他有勇气做这样的文本和诗歌精神尝试。江弱水兄的《水绘仙侣序》写得缜密扎实，在文本分析之外，有序地将冒、董的爱情故事置于一个腐朽没落的时代背景之下，将对俗世的贪欢演变成对一个时代最后的绝望。这样看"逸乐"这个词就不俗。我只是想，现在我们恰逢盛世，诗人如果也这样"逸乐"，我们要对抗的是什么？

我不想从堕落的角度谈这个问题，我更关心的是趣味。从波德莱尔到兰波到狄兰·托马斯、亨利·米勒、爱伦·金斯堡等，审丑和无视规矩改变了以前依靠审美建立起来的诗歌观念，堕落不再是一个道德问题，而是一个趣味问题。米沃什在谈论亨利·米勒时就谈道："道德堕落和趣味是两回事。"这让诗歌写作挣脱了宗教和道德束缚，以及浪漫主义对生活无边际幻想的利诱，使得诗人不是单纯看到了写作的可能性，还看到了我行我素生活的可能性。这是整个现代、后现代诗歌写作最基本和最持久的内驱力。诗歌写作并不取决于道德（真、善），而取决于趣味。这是今天写作多元化的前提。趣味决定的是一个人的兴趣、癖好、小伎俩、隐私等，这些好恶有时并非出于合理性，当然，也不一定符合道德原则或利益获取途径，那完全是个人的事情。

我对"逸乐"有自己的理解。逸者，自在而脱俗；乐者，欢喜而无碍。在传统思想中，逸乐始终是贤达人士追求的最高境界。老子闻风而悦。按庄子的说法，老子达到了“以本为精，以物为粗，以有物为不足，澹然独与神明居”的境界。孔子也以诗乐（yuè）为乐（lè）。其“闻《韶》，三月不知肉味”，可谓大逸乐。尚老子而乐风的诗人大有人在。嵇康曾在诗中写道：“乘风高逝，远登灵丘。托好松乔，携手俱游。朝发太华，夕宿神州。”风在这里代表着一种不入俗流，志存高远，自由自在的道骨。阮籍也在诗中表达了类似的精神取向：“天地絪缊，元精代序。清阳曜灵，和风容与。明日映天，甘露被宇。”一个“乘风高逝”，一个“和风容与”，虽同属乐风乐道，却反映出彼此态度上的细微不同。大抵是从竹林七贤开始，中国诗歌有了新的文脉“隐逸派”，开了出世诗歌的先河。出世意味追求逸乐。后来诗歌写作的自觉，以及文人精神的个性崇尚也都受益于竹林七贤的影响和启示。陶渊明乐居田园与阮籍“清阳曜灵，和风容与”的气息相通，而李白放浪不羁与嵇康“乘风而逝，远登灵丘”的脾气有着内在的一致性。我怀疑李白“乘风破浪会有时”的诗句灵感就来自嵇康的“乘风而逝”。

诗歌史上的“乐风派”（我权且把出世诗歌叫作“乐风派”）以外，还有乐山乐水派，就是山水诗。这些诗人虽不像“乐风派”诗人那样，有着明确的精神崇尚，但是，他们以游山玩水为乐，寄情山水之间，咏物抒怀。比如谢灵运、孟浩然等。山水诗人到不了“澹然与神明居”的境界，他们的作品大多是“玩”出来的。这些诗人的特征是喜欢游历名山大川，表现是每到一处都要借景抒情，寄情于景。比如杜甫写泰山、李白写敬亭山、苏轼写西湖等。

中国诗人自古就有好远游的习惯，中国的旅游业最早始于他们，而那些名山大川也要感谢诗人们的才华，才让自然山水有了人文的灵气。诗人和山水之间的关系有时也不是简单的一个“玩”字能够概括的。比如李白六登敬亭山，“相看两不厌，唯有敬亭山”。这样的情感就好比热恋的情人，有些迷醉和魂牵梦绕。我虽没有做过考证，但直觉感到每个诗人都有自己钟情的山水之地。比如王维选择终南山，而韦应物喜欢滁州的西涧之水。这样看，把“乐山乐水派”叫作“恋爱派”或“水绘仙侣派”是否合适呢？

李德武回答《姑苏晚报》采访

记者：您是怎么走上诗歌这条道路的呢？

李德武：上个世纪80年代，诗歌代表着一个民族活力的觉醒。对于在贫乏和饥饿中长大的60年代人来说，那个时候，诗歌无异于饥饿中的一杯羊奶，不仅意味着希望，也意味着拯救、自信和尊严。所以，从和诗歌的渊源来说，与其说是我个人的宿命和幸运，不如说是一个民族的宿命和幸运。但是，90年代之后情况就不同了。社会发生了转型，人们从追求精神解放和自由转向追求金钱。这个时候，写诗成为精神坚守，诗歌也从一种群体启蒙回归到艺术自觉。我坚持了下来，30多年来，中国发生的变化有目共睹，我很幸运，至今我还是一名诗人。我说不出不改初衷的理由，也许我命定如此。

记者：您说诗歌语言的根本问题是去边界化，这个边界是什么样的一个边界？又为什么要去边界化呢？

李德武：这是一个十分复杂的问题，它涉及语言体系边界、结构边界、权力边界、能指所指（命名或赋义）边界、语境边界、经验边界等等。当代诗歌起源于西方自由体诗歌，使用的是白话汉语。语言的边界通常表现为语言的限度。按照维特根斯坦的理解，语言包括两个部分，一个是有边界部分，一个是没有边界部分。有边界的部分是可以言说的，没有边界的部分是不可以言说的。诗的语言属于不可言说的语言。但通常，诗人介于可言说与不可言说之间。语言的局限即存在的局限。从功能上来看，有边界语言是一种机制，生活不断接受语言规约。生活乏味、单调，通常是语言陈腐僵化的结果。福柯说，有语言的地方就有权力。这体现了语言超出交流之外的规约功能。去语言边界化就是不断突破语言藩篱，从可言说的世界进入到不可言说的世界，即艺术和精神的世界。

诗人为什么要把去语言的边界化当作使命？这是因为诗人的天职是通过改变语言来改变世界。诗人的语言原则上属于天赐，他们靠天赋说话。正是这种语言启示人们对言说保持恭敬和倾听，保持活力更新，防止语言走向腐朽和衰落。赫拉克利特说，人不能两次踏入同一条河流，语言就是一条流动的河流，诗人是那个能够辨别河流不同的人。同时，天性使然，他必须让自己一生不踏入同一条河流。谁能做到这一点，他就是一个卓尔不群的诗人。

记者：您觉得诗歌的精神主要表现在哪里？

李德武：诗歌的精神主要表现在三个方面，一是崇尚自由、二是追求创新、三是忠诚个性。诗是使人成为他自己的艺术，诗的珍贵就在于它展现了生命和世界的无限可能性。一方面它吸引我们倾听到来自心灵的声音（内视），另一方面它也启示我们与天地万物交谈。尽管诗不能完全代表着智慧和真理，但诗是艺术美的最高形态，是人语言的最高表现形式。因为有诗，生活和存在才变得活泼有趣，人性才葆有不向陈腐妥协的锐利之光。

记者：您认为“当诗人决定把一生交给诗歌写作的时候，就选择了孤独之路”。您平时感觉孤独吗？又是怎么排解这份孤独的？

李德武：这里所说的孤独不是一般意义上的孤独，譬如没有朋友、没有知己等，不，就算最差的诗人也有读者和知音。我说的孤独是一个诗人写出经典作品的条件，是一个诗人在更久远的未来仍然具有存有价值的内在修炼。诗歌千古事，如果诗人不是简单而草率地对待写作，他应该知道自己如何独自面对现实和虚无挑战；应该知道自己在同时代诗人中独有的地位和价值。自负在其他人身上可能是一个贬义词，但用在诗人身上却是对其独特个性的变相褒扬。诗人之间最被看不起的就是雷同。所以，孤独不是一面诗人做人失败的镜子，而是诗人对自己创作要求更高的门槛。迈不过这道门槛就不能算进入真正的诗歌殿堂。

同时，一个杰出的诗人可能并不为他同时代的人们所认可，他需要以更强大的精神性承受写作带给他的负债和窘困。孤独意味着一切压力和难题都需要他自行解决，别人帮不上什么忙。不管他是天才的诗人，还是一个勤奋用功的诗人，都不能指望利用世俗的手段使自己享受声誉。这时，优秀的诗人将把对语言的使命转化为生存态度和方式，面对现实生活，或疏离，或潜行，或对抗，或戏谑，或诀别，他所做的一切无非是印证并成就他独一无二的话语。

就个人而言，我一直保持对自己的觉醒，保持对自身写作的甄别力，回避雷同，避免平庸是最基本的写作伦理。当我意识到当代诗歌受文本写作影响耗空了精神性后，我开始通过心灵禅修“养语言”。从 2006 年至今，10 年间我只做一件事，就是打通文本和内心的隔阂，使“心本”和“文本”合一。

记者：所有的诗人都希望诗艺有所突破，写出传世作品。对您这样有成就的诗人来说，是否一直在寻找新的突破？自我总结，您的诗艺经历了哪几次蝶变？

李德武：我个人的诗歌观是变化的。40 岁之前，我认为诗歌代表人类的良知，要敢于直面现实，揭示生活背后的真相，唤起人们对生命和现实的存在感以及深度觉醒。40 岁以后，我发现靠语言提供的真相有时是靠不住的，如果你自己在生活中不够独立强大，诗歌就不会拥有令人信赖的独立声音。所以，诚实成为我写作的基本原则。经过 10 年禅修，我比以往任何时候写作都更松弛，我希望写出令人内心安顿的诗歌。

记者：在诗歌的创作中，您有很多尝试和变化，那您的创作中有什么是永远不变的吗？

李德武：老实说，没有什么是永远不变的，要说不变的东西也有，就是：“变”！

记者：一个人在外多年的经历，对您的文学之路有什么影响？

李德武：我 17 岁离开家乡后就一直独自闯荡，从北到南，经历成为我创作的财富和源泉。我不需要为自己撰写回忆录，诗就是生命留下的轨迹，是 30 多年来心路历程最真实准确的记载。

记者：诗歌的创作是跟精神相关联的，上世纪 80 年代曾出现万民读诗的盛况，现在我们还能重现那时的盛况吗？

李德武：首先历史地看，中外诗歌巅峰都出现在经济社会、诗人心智和诗歌语言综合成熟期，标志是诞生不朽的经典作品和艺术完美形式。上个世纪 80 年代虽然出现集体读诗热，但那个时候的诗歌无论从艺术形式的完美性和丰富性来看，还是从诗人的心智和社会文明来看，都是不成熟的，民众对诗歌的热情不能掩盖语言和精神的深度贫乏，不能掩盖社会整体文明的苍白。按照艾略特的标准，“经典作品只可能出现在文明成热的时候，语言及文学成熟的时候；它一定是成熟心智的产物。赋予经典作品以普遍性的正是那个文明、那种语言的重要，以及那个诗人自身的广博的心智。”（艾略特《什么是经典作品》，王恩衷译）对当代诗歌来说，我们渴望看到的是诞生经典作品，而不是盲目的狂热和虚假的繁华。今天是否已经具备了符合以上条件的诗歌经典，还不能确定，毕竟当代新诗只有 100 年的发展历程，而这 100 年的发展中，真正有实质性发展的阶段也不过就是近 30 多年。

经典作品意味着可以经受得住时间的检验，就算有经典，也得让更长的时间来证明其名副其实。

记者：在现代性面前，一个灵与肉完整的人越来越被细分和物化，在这样的情况面前，诗人应该去做些什么？

李德武：现代性虽然成为社会转型的推动力，但也要警惕它带来的负面问题。村庄在城乡一体化进程中成片消失，大量农民被迫涌入城市，成为没有根基的廉价劳动力，社区的模式化让家园或故居无法分辨，回家的人回到一个庞大的抽屉里等问题，就如同一个组织精密的人贩子团伙，把孩子贩卖到一个远离故乡和亲人的地方。我们都是被贩卖的孩子，现在，我们正习惯新的技术和游戏，在规划的游乐园里嬉戏，已经不想寻找归途了。甚至，我们心安于做一个没有故乡的人。现代性的表现是人主体的破碎，根源是颠覆人传统生存模式。在现代性面前，人作为一个灵与肉完整的人越来越被细分和物化，局部的痛感或麻木会被放大，有时错误地成为人的本质。人在依赖性上越来越成为机器的附属物。当机器越来越智能，人的智力和生存能力将越来越退化。诗人应该对现代性有更深的敏感，无论以极端的生存方式呈现出现代性，还是选择饱满的人生对抗现代性，都是重要的和必要的。但最可怕的是麻木或随波逐流。现代性后面的推手是经济形态，是国家战略，是世界平衡和利益再分配的竞争与对抗，诗人不过是体温计，是测谎仪，是 CT，我们的义务是呈现这个世界发烧的程度，是戳穿和矫正谎言，是识别出世界的肌体上什么地方发生了病变，甚至恶化。

记者：很多时候，圈外的人总是说当代诗歌脱离现实，但我却常常发现，中国每年创作的诗歌大多离现实太近了，有时就像是素描或者是相机式的反映，即使有思考，也多是小品的深度。您觉得当下诗歌应该关注哪些现实问题？

李德武：如果圈外人指那些不读诗、不爱诗的人，我觉得他们对诗说什么都不值得在意。而您所说的诗歌离现实“太近”的问题倒值得关注和醒悟。诗，无论写实还是写意，肤浅都是大忌。但，诗人应该关注哪些现实问题，这会因人而异，很难划界。对我个人来说，我更关心人们当下内心的不安。

记者：这次读书会的主题是“让梦想照亮现实”，您觉得诗歌在这其中能起到怎样的作用？

李德武：这次读书会的主题是“让梦想照亮现实”。坦白地说，这是一个妄念，首先我不知道自己是不是一个有梦想的人，更不知道我自己是否用梦想照亮了现实。现实永远是残酷的、不确定的和转瞬即逝的。而梦想，权且我们把它看作是一个正能量的词，我也必须说所有为短期目标而作的努力都是消耗战，都是精神借贷，结果可能都是能量的提前告罄。这不是虚无主义，而是消费时代成功变得廉价，满足变得廉价，生命变得廉价。霓虹闪烁的地方星星黯然失色。一个诗人应该具有自我识别和超越的能力，应该把这种超越当作诗艺和生命双重提升的支点，优秀的诗人必然具备双重的自觉，一个是语言的自觉，一个是精神和境界的自觉。这是诗内功夫，也是诗外功夫。

记者：为诗歌的未来说一句话好吗？

李德武：一切皆有可能。

瞧，德武这个人

——写在德武批评文集后面的话

小海

李德武是我多年来的好友。

他 2002 年左右从哈尔滨来的苏州，一晃 10 多年过去了。这些年里，辗转干过好几份工作。在来苏州之前我们就认识，他在一封信中说，好喜欢苏州。我说，那你来苏州吧。当然，他到了苏州，不是因为我的这句话，他本来就是个有行动力的诗人。

我俩都是上世纪 60 年代生人。由于历史的原因，这代人差不多有共同的受学经历和知识谱系。在他来苏州的这些年里，也得到了验证。比如，聊天时说起某本书、某个观点时，发现，在 80、90 年代某个时间节点，一南一北相距遥远的我们，居然在读同样一本书，甚至是同一个出版社、同一个作者或者译者翻译的书。改革开放以来，大量国外文史哲著作呈井喷之势译介过来，如饥似渴的我们正好赶上了这样一个新时代。这恐怕也是古今中外出版史和阅读史的一个奇观。

多年前，我们一起出差到南京两三天，聊起上世纪出版并被我们几乎同时读到的维特根斯坦、尼采和弗罗斯特、兰波，聊的结果是昏天黑地，会议到底是什么内容全忘了。后来我说，德武，聊的内容我们得记下来。后来，他送我一组诗，记下了我们边争论边散步到后山，一路所见所闻的有趣情景。

再有一年，他开车带我去城东一家美术馆看朋友的画展，路上聊起法国艺术批评家的话题，猛然发现，车子开到昆山了。我们也曾一起去常熟参加一个诗歌活动，还是他开车，又聊上了，车子走了一个岔道又一个岔道，老李自己刚找着道儿，就问，我们刚才聊到哪儿了。任怎么开也开不到要去的地点，那时候还没用上手机定位导航。最后，我说回苏州吧，干脆把车子停在留园边上，找个园林茶馆坐下继续聊。

这样的例子还有，但不能再列举了。其实他是个好司机。大家知道我俩是好朋友，但常常也会因观点不同或者理解力的差异而争执，不然，也不会走那么多冤枉路。可有一点是共同的，我们走过的路我们认。

十三四年前，我曾在刚刚降温的一个深秋的下午接到他电话，说，德里达死了。然后是一段沉默。我记得他消沉的语气。显然，他是将德里达之死作为生活中的一桩大事件来通报给我。后来，我又听一个哥们儿告诉我，当晚，他推开这个朋友的家门，见面第一句话就是：德里达死了。告诉大家这个，是想说，德武身上，有着多么可爱的书生气。想了一下，之所以意气相投，说明我们身上有共通的那点儿书呆子傻气。

德武大学教师出身，读书多，记性强，口才好，任何话题他都可以不踩刹车，滔滔不绝讲下去。一本书，一个观点，如果没有读透读烂，不可能这样深入浅出，如数家珍，也不可能生发出这些精彩的文字。

我们“剧谈”的成果，有几个对话录，更多的，还是彼此督促着写各自的文章。这些年，我们写的不少诗文，彼此都是对方的第一读者。所以，收在这个集子里的文章，大多是熟悉的“故人”，重新读的时候，也会回想起当年海侃的情景，心底会油然而生一丝暖意，这些文字，也算是见证了一份兄弟情谊的。

德武说，如果结集，我们可以说说对方。文章已经放在这儿了，读者自有慧眼。我就说点文章背后的趣事。瞧，德武这个人，借用了尼采自传的书名，供读者在理论文章读累了之后，放松消遣一下。

图书在版编目（CIP）数据

挣脱时间的网：从芝诺的两个悖论说起／李德武著．
—上海：文汇出版社，2019.12
ISBN 978-7-5496-3072-1

Ⅰ．①挣… Ⅱ．①李… Ⅲ．①哲学—文集②诗歌评论
—中国—当代—文集 Ⅳ．①B-53 ②I207.22-53

中国版本图书馆CIP数据核字（2019）第274592号

挣脱时间的网：从芝诺的两个悖论说起

著　　者／李德武
责任编辑／吴　斐
特约编辑／鞠　俊
装帧设计／鹏飞艺术　刘　啸

出版发行／**文匯**出版社
上海市威海路755号
（邮政编码200041）
印刷装订／三河市中晟雅豪印务有限公司
版　　次／2019年12月第1版
印　　次／2019年12月第1次印刷
开　　本／960×640　1/16
印　　张／16
字　　数／130千

ISBN 978-7-5496-3072-1
定　　价／28.00元